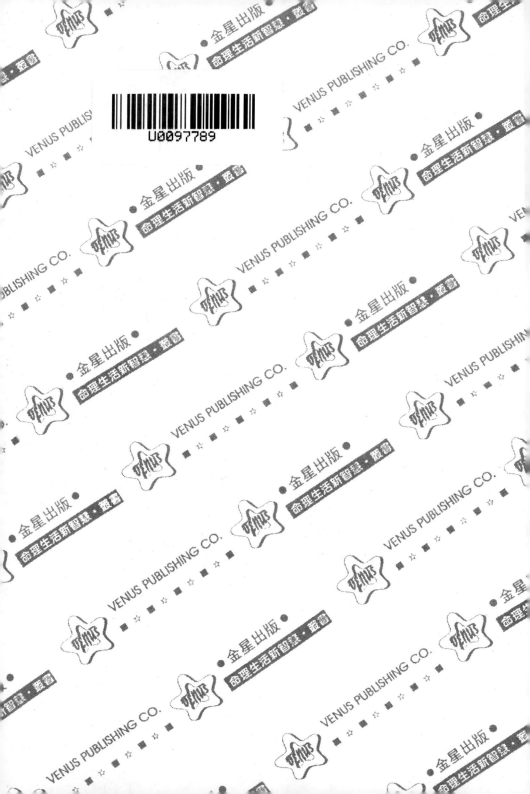

命理生活新智慧・叢書 131

你的『紫微破洞』如何補？

法雲居士 著

金星出版社：http://www.venusco555.com
E-mail: venusco555@163.com
法雲居士網址：http://www.fayin777.com
E-mail:fatevenus@yahoo.com.tw

金星出版

國家圖書館出版品預行編目資料

你的『紫微破洞』如何補？／法雲居士著，--臺北市：金星出版：紅螞蟻總經銷，2022年 [民111年] 第1版　面；公分—(命理生活新智慧叢書·131)

ISBN: 978-986-6441-80-6（平裝）

1.紫微斗數　2.占星術

293.11　110018426

你的『紫微破洞』如何補？

作　　者：法雲居士著
發 行 人：袁光明
社　　長：袁靜石
編　　輯：尤雅珍
出版經理：王璟琪
出 版 者：金星出版社
社　　址：台北市南京東路三段201號3樓
電　　話：886-2-23626655
傳　　真：886-2-23652425
郵政劃撥：18912942金星出版社帳戶
總 經 銷：紅螞蟻圖書有限公司
地　　址：台北市內湖區舊宗路二段121巷19號
電　　話：(02)27953656(代表號)
網　　址：www.venusco555.com
E-mail　：venusco555@163. com
　　　　　fatevenus@yahoo.com.tw
法雲居士網址：http://www.fayin777.com
E-mail　：fatevenus@yahoo.com.tw

版　　次：2022年5月 第1版　2023年12月 加印
登 記 證：行政院新聞局局版北市業字第653號
法律顧問：郭啟疆律師
定　　價：380 元

ISBN：978-986-6441-80-6（平裝）

（因掛號郵資漲價，凡郵購五冊以上，九折優惠。本社負擔掛號寄書郵資。單冊及二、三、四冊郵購，恕無折扣，敬請諒察

你的『紫微破洞』如何補？

序

我們常聽人說：『人生之不如意者十之八九。』但有些人好像沒這麼多，而且有些小的不如意很快就過去了，也不會對人生造成太大的影響。但不容置疑的是：每個人的運氣都有起起伏伏、高低變化的狀況。有些人幼年困苦，有些人中年不順，有些人老年孤單。更有些人好像一生享福，但不長壽（如羅霈穎）而猝死。有些人年華、錢途正好時而突然結束（如寇比），有些人在事業尖峰時，嘎然而止（如王力宏）。

每個人有每個人的『人生黑洞』，只是你不知在哪裡發生？或因何事、何時發生？有些人是『健康』問題。有些人是『車禍』問題，傷人或自傷。有些人是婚因出狀況。很多人在婚姻出狀況時，事業也垮了。因為婚姻和事業是相對的，在對宮而相互影響。有些人是本身思想執著，而造成福氣的減少。會做革命先烈做的事，或出家遁世。有些人是子女運不佳，因而受害。從命理的角度上來說，這

你的『紫微破洞』怎麼補？

些都會展現在我們的『命盤』上或『八字』上的。

有些人命好，命理結構好、大運運程好，『人生黑洞』的時間短，運氣低落一、二個月，或一、兩年便過去了。再繼續打拼，又是一翻成功景象。有些人的命理結構較弱，或大運又差，其『人生黑洞』的時間很長，其人就易落入黑道或社會最底層，很難向上爬。但人生都有『轉折點』的，其人可以在『轉折點』時翻轉人生。這就像一顆『人生開關』，扭轉開來，就能堂堂正正的做人了，命運也順遂了。這個『轉折點』和『人生開關』，在我們的命盤上或八字中都能看到，我會幫你好好解讀、點出。

一般人的『人生黑洞』，大概就是家人、朋友關係的困擾，或事業的衰敗、錢財、婚姻或感情問題、健康壽命等問題。這本書儘量討論多一點，以便給大家參考。也給大家從大方向方面來檢討自己的人生。我們常說要規劃人生、設計人生，去邁向成功境界。但如果不知道自己的人生中有多少道坎（坑洞），有多少個『黑洞』會被吞噬？那所設計規劃的人生圖表，只是一個假象罷了。在此書中我也提供了一些渡過或跨越『人生黑洞』的方法，供給讀者參考，以及提個醒。當然！讀者更可以用自己優越的智慧，思考出更合乎自己需要的破除『人生黑洞』的方法。願與讀者共勉之。

法雲居士　謹識

目錄

第一章　人生為什麼會有『紫微破洞』？

在我常年研究『世界精英命格』的時候，很努力的去發掘他們成功的秘密，當然也會對照一般普通的命格和行為，看看他們到底有什麼不一樣？到底普通人在命理及行為上缺少了什麼重要的因素和ＤＮＡ，以致於功虧一潰，才不成功的。在我鍥而不捨的努力下，我發覺了許多重要關鍵點，會決定人生的成敗與生死、長壽，於是我得出一個結論，來寫這本《你的紫微破洞如何補？》。

首先我們要瞭解什麼是『紫微破洞』？

『紫微破洞』**就是以紫微命盤上或由八字中來看『人生的破洞』**。認真的說起來，『紫微破洞』就是一種刑剋。也是一種『惡運的黑洞』。而每個人的命運中，或多或少都有些刑剋。有句話說：『**無鬼不能成造化，無殺安能身有權**。』這『鬼』和『殺』都是刑剋。但也只有這種刑剋磨練才能把人塑造成有用、有功能的人。

為何要找出『紫微破洞』呢？

找出『紫微破洞』，就能找出人生的癥結點，或人生的坎點、低潮點，就能少跌跤，『紫微破洞』能找出原因來改善人生成果而順利朝向成功達標。

『人生破洞』人人都有，有的人很大，有的人較小，逐一不同。有的人是在『命盤格式』上出現，有的人是在『命理格局』上出現。有的人『紫微破洞』出現在少年，有的人出現在中年，有的人出現在晚年。有的人的『人生黑洞』出現在工作事業上，有的人出現在婚姻或六親不和上，其實從命盤上是很容易看出來的。

我嘗說：『每個人總有一破！』

每個人都有屬於自己的『人生破洞』，也可說是『人生黑洞』。有些是感情上的，如六親不全，欠缺親情。或愛情或友情不順利。有些是財福問題、生活拮据，或運氣起伏低落而財運不好。有些是工作、事業上的問題。有些是升官、讀書的問題。每個人的問題逐一不同，其實好好分析之後，能有助於你改善狀況，進而增進自己的成就，而達到人生高峰。

『紫微破洞』的種類

1. 生命的『紫微破洞』
2. 錢財的『紫微破洞』
3. 事業的『紫微破洞』
4. 感情、婚姻的『紫微破洞』
5. 健康的『紫微破洞』
6. 人際關係的『紫微破洞』（包括家人父母、兄弟、朋友、子女、老闆、員工）

這些會在後面的章節陸續解說。

命格中健康也是一種財

紫微命格的『命、財、官』也代表人身體的部份

命宮代表人體的上部，代表頭部和胸部以上的部份。

※命宮不佳的人，有羊、陀、火、鈴、化忌、劫、空，以及主星陷落的人，

會有頭部和胸部以上的疾病。

※財帛宮不佳的人，有羊、陀、火、鈴、化忌、劫、空，以及主星陷落的人，會在身體的中段、腹部、腰部、大腸、腎臟等疾病。

※官祿宮不佳的人，有羊、陀、火、鈴、化忌、劫、空，以及主星陷落的人，會有腿部或膀胱、尿道、肛門等疾病。

若『財、官』不佳的人，就是上腹部以下的疾病。『命、財』不佳的人，就是上半身的疾病。『命、官』不佳的人，就是頭、胸、腿腳的疾病。

紫微命格的『兄、疾、田』也代表人健康疾病的部份

紫微命格的『兄、疾、田』是三合宮位，也連帶影響人身體健康與疾病的問題

※兄弟宮不佳的人，有羊、陀、火、鈴、化忌、劫、空，以及主星陷落的人，你會比較孤單，兄弟少，或有同父異母的兄弟，你與同輩朋友或親族間的兄弟不和，也會有心臟、頭、胸等疾病。

※疾厄宮不佳的人，有羊、陀、火、鈴、化忌、劫、空，以及主星陷落的人，平常身體就不算健康，當大運走到弱運，會有癌症、腹內疾病等難纏的疾病。

※田宅宮不好的人，有羊、陀、火、鈴、化忌、劫、空，以及主星陷落的人，

會有生殖系統的病變。例如女人是子宮、輸卵管、子宮肌瘤、卵巢、乳癌、內分泌等病變。男性是輸精管、精囊等，無法生育等狀況。當然你的房地產也是留不住的，或根本沒有房地產。也容易存不住錢，會窮。

紫微命格的『夫、遷、福』既代表錢財也代表健康疾病

※**夫妻宮不佳的人**，有羊、陀、火、鈴、化忌、劫、空，以及主星陷落的人基本上有心理問題，會心裡不舒暢。想得多，煩惱多，睡眠不好，也容易有精神耗弱等問題。也常會大驚小怪，為一點小事而內心糾纏不已。在人際關系上，也會與人有隔閡。因此會賺錢少或不易。也異有精神病變、憂鬱症、躁鬱症等。

※**遷移宮不佳的人**，有羊、陀、火、鈴、化忌、劫、空，以及主星陷落的人，表示你外在的環境不佳，比較凶惡或混亂，你容易被人欺侮或傷害。你時常精神緊張，睡眠睡不好，短眠或常驚醒。有地劫及天空的人，反而睡得好，因為根本不知外面發生什麼事了，毫不瞭解周遭的狀況。你在賺錢方面十分辛苦勞碌，須用盡心思心力去賺。自然你容易得肝病、癌症、傷災、車禍、交通事故，開刀、手足傷，或精神疾病。

※**福德宮不佳的人**，有羊、陀、火、鈴、化忌、劫、空，以及主星陷落的人，

表示本命的錢不多，無法享受較高級的享受與財富。也會運氣不好，易遭受傷災和疾病的攻擊。也容易忙碌辛苦，賺錢不多，內心寂寞，會有心病。福德宮有地劫和天空同時存在的人，易有精神疾病或突然遭災而亡。

八字四柱也代表人身體的部份

※八字天干的部份代表上半身。八字地支的部份代表下半身。四柱天干彼此沖剋多，會有腰部以上的問題。八字四柱地支沖剋多，會有下半身的問題。

※八字年柱和月柱相刑，表示易有祖傳疾病，像高血壓、心臟病，或腎臟較弱等，有些也會有顛癇症、或精神疾病。以及家窮，父母、祖父母社會地位低。你幼年容易被照顧不好，身體較弱，長大以後才變好。刑剋嚴重的，幼年會家破人亡，或失去父母等重大災難及幼年夭折。

※八字月柱和日柱相刑，表示本人及配偶和父母的關係不佳，也會和兄弟不和。你的思想和父母不一樣，你會離家生活。刑剋嚴重的會婚姻破敗、家破、工作事業破敗，或有重大損失。身體也易染病或生癌症，與病魔對抗，也會早夭。

※八字日柱和時柱相刑，表示老年生活不好，會窮，也可能無子女，及生命在六十歲左右結束。你本命的資源不多，只能用到六十歲，如果超過六十歲的日

子會非常不好過，不是在病痛中度過，便是在窮困中度過。

※八字中以日主為準，為主要。日主代表『我』。主要以我來看四柱干與支相對應的關係。也是以四柱的干與支來對我的吉凶刑剋之關系。

日主為甲木或乙木

日主為甲木或乙木時，四柱格局火木重的，要小心心血管疾病、脾胃病便、糖尿病、皮膚病，肝火旺、癌症。甲狀腺亢進、子宮肌瘤等。**四柱格局土多的**，要小心『土木自戰』。要小心腹內有蟲，終身要打蟲。更要小心大腸癌，脾胃不佳，便秘，肝和肺都不好、covid-19等病。

四柱格局多金的，要小心傷災與交通事故、開刀手術、脾胃及肝腎不好、皮膚病等。**四柱格局水多的**，要小心水道系統的病變，如尿道、膀胱、淋巴、內分泌等的疾病與癌症。也要小心糖尿病、脾胃不佳、肺部、氣管等毛病。covid-19等病。

日主為丙火或丁火

日主為丙火或丁火時，四柱格局火木重的，要小心心血管及心臟病，以及腦中風、腦出血等。你容易體溫高，或血液濃度較濃。也會膽固醇過高，血壓高等病症，甲狀腺亢進等，身體容易發炎，有肝炎、脾胃炎、腸炎、易生癌症，也易長青春痘或膿包、爛瘡、子宮肌瘤。**四柱格局土多的**，易有糖尿病、脾胃的疾病、大腸癌、肝腎疾病、腸堵塞，肛門、尿道的疾病。**四柱格局多金的**，要小心傷災與交通事故、開刀手術、肺部、支氣管炎、大腸、covid-19 等病變。**四柱格局水多的**，要小心，要小心身體上半身與下半身水火相剋，會有膀胱無力、腎臟問題，或心臟無力，肺積水等病症。也要小心甲狀腺疾淋巴系統的病症。covid-19 等病。

日主為戊土或己土

日主為戊土或己土時，四柱格局火木重的，要小心『土木自戰』。要小心腹內有蟲，終身要打蟲。要小心手足傷，體內脾胃的疾病、糖尿病、腎臟纖維化病變、腸癌。木重的要小心肝病、脾胃弱、手足傷，肢體上神經系統的毛病。火重的會更生土多，小心腸堵塞、便秘、長肉瘤、癌症等病。火土多的也會生土多，小心皮膚病、脾胃不佳。胃食道逆流、神經系統不靈活、腸堵塞、腸癌等。**四柱格局多金的**，是傷官重。要小心傷災與下半身寒涼、大腸的問題、肛門、尿道的問題，女子有子宮肌瘤、covid-19 等。**四柱格局多水的**，這是財多身弱的格局，要小心身體多病，壽命不長。也要小心下半身寒涼、膀胱、腎臟、子宮、精囊較弱，生育系統有問題。covid-19等病。

日主為庚金或辛金

日主為庚金或辛金時，四柱格局火木重的，火重的是官殺重，要小心身體較弱，易感冒或身體發燒、發炎。容易有傷災、車禍，開刀，重病的機會。也會有大腸癌、痔瘡、肺部、支氣管炎等疾病。也要小心糖尿病、肝腎的問題。**木重的是財多身弱**。要小心金木相剋的問題。肝臟、腎臟的疾病，四肢傷災或神經系統不良。糖尿病、胰臟癌等疾病。**四柱格局多土的**，小心下半身僵硬，有糖尿病、腎臟、膀胱等水到問題、淋巴瘤、甲狀腺亢進等病症。**四柱格局多金的，**要小心精神疾病，易自殺。或憂鬱症、躁鬱症、手足神經系統不良、車禍、傷災，感冒、covid-19等病。**四柱格局多水的**，命格太冷，容易有精神疾病，易自殺、厭世、活動力不強、有心臟無力、肝腎方面的問題、愛睡、或緊張睡不著、或脾胃不佳、易生covid-19等病。

日主為壬水或癸水

日主為壬水或癸水時，四柱格局火木重的，火重的是財重，要小心財多身弱，身體會下半身易發熱、發炎。上半身很涼。要小心大腸癌、便秘、腹內疾病、費部和支氣管炎、易生 covid-19 等病。脾胃不佳等。木重的是木會吸水，食傷重，要小心手足神經系統不良、淋巴系統、內分泌系統的問題、乳癌、生殖系統的病變。**四柱格局多土的**，是官煞重，要小心傷災、車禍、開刀，以及下腹腸堵塞，易便秘、痔瘡、肝腎不好、腿腳腫。**四柱格局多金、多水的**，命格太冷，容易有憂鬱症，精神疾病，也容易手腳怕冷、不靈活。有心臟無力、肝腎方面的疾病。脾胃疾病、小心 covid-19 等病、感冒、肺部、支氣管炎等。命格為潤下格或白虎格等格局的，怕木火土等來侵犯病症，如木火年怕中暑及心臟病、腦溢血。土年怕脾胃、腎臟、腸疾等。

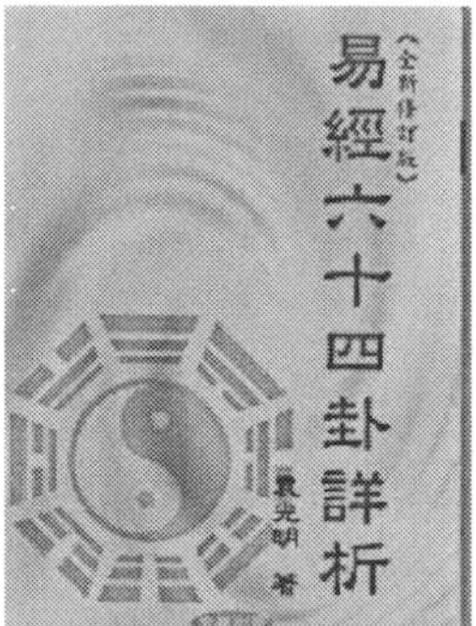

第二章　找出『紫微破洞』的方法

第一節　從『紫微命盤』來找出『紫微破洞』

方法一：

在自己的『紫微命盤』上，找出『破軍星』的星曜與位置。

因為『破軍星』是『耗星』、『囚星』。『破軍星』所在的位置與宮位就是你人生所最大消耗的能量與缺失。如果能防止住的話，你就能少吃虧，或少損失，以致突破人生的瓶頸，而能創造人生的大功業了。也能創造人生最大的富貴了。例如：破軍在命宮的人，破的是身體健康，多半有病痛，會吃很多藥。或病根無法清除。有些人會帶病延年。又如：破軍星在夫妻宮的人，容易感情不順利，容易再婚、三婚或同居不婚。因為你們總是找到思想和價值觀和你們不一樣的人。剛開始很新鮮，久了就磨擦大了會分手。

方法二：

在自己的『紫微命盤』上，找出『擎羊、陀羅』的星曜與位置。

因為擎羊和陀羅是刑剋之星，是直接會對你的人生做極嚴重的刑剋和制約，所以它們是造成你『人生破洞』最嚴重的殺手。而擎羊和陀羅是以『出生年干』來定的，所以羊陀會決定生年的好壞和『人生破洞』的成因。擎羊及陀羅在哪一宮，就是對哪一宮的直接刑剋。例如在疾惡宮，必是對該人健康皂造成刑剋，有肝病、大腸癌、眼目不佳等問題。也會開刀及血光之災等。例如在父母宮，除了和父母感情不佳、淡薄，或父母中少一人，相互剋害，也會有前述病症。因為父母宮和疾厄宮是相對照的嘛！

擎羊和陀羅的刑剋是非常不一樣的刑剋。『擎羊』是尖刺、帶血、或破裂、撕裂傷、也是陰險、有計謀的掠奪。例如：車禍格局『廉殺羊』，為『路上埋屍格』。表示會因車禍出血過多而亡。自殺格局『巨火羊』，會因一時氣憤上吊或投水而亡。有擎羊都容易死。

『陀羅』是較笨、較慢，是磨破，或是因推拖拉而損失，或是因思慮不周詳而損失或失敗。車禍格局『廉殺陀』，會有車禍傷災，骨折或重傷，但不一定會死。邪淫桃花格局『廉貪陀』，男性易因貪戀女色而緋聞滿天，傷害名譽。女性易遭強暴或緋聞傷身。所以羊陀的刑剋是不一樣的。

方法三：

在自己的『紫微命盤』上，找出『火星、鈴星』的星曜與位置。

火星和鈴星都是屬火的星曜，它們對人的刑剋看似沒有羊陀大。火、鈴如果在命、遷、夫、福等宮位，其人會性格火爆、不耐煩、做事草率、粗糙，性急，愛時髦、喜歡流行及3C物品。做事無長性，會做不久。也喜浪費，愛花錢，存不住錢。但如果火、鈴和貪狼同宮會有『火貪格』和『鈴貪格』的暴發運，在錢財上和工作上能大暴發。極利於升官發財。所以此二星對人生是有利、也有弊的。

方法四：

在自己的『紫微命盤』上，找出『天空、地劫』的星曜與位置。

天空和地劫兩星曜，在命盤上，看在哪一宮，也要看和何者星曜同宮一起，財能知道是為何而成空？或為何而被劫財。例如：天空在命宮獨坐於酉宮，對宮為『陽梁』。這是『萬里無雲格』。這是 國父孫中山的命格。五百年來只此一人。『天空』在酉宮為命宮獨坐的人，會思想清高，不重錢財利益，理想及志氣高昂。有天空和地劫在命宮的人都特別聰明，數理和哲學能力高。能到NASA等的太空總署地方工作。但如果天空和地劫和財星武曲、天府同宮，就是『刑財』。會『財空』或『劫財』。如果和七殺同宮，就會失去打拼能力，或打拼過頭而受傷。如果和破軍同宮，會破耗成空，或被劫破耗，失去一切。如果和官星同宮，如『太陽、天空』，表示事業和工作表面看似如麗中天，但頭腦空空並不當一回事，結果一事無成。如『太陽、地劫』，表示事業和工作不錯，但你會有別的事忙，而導致工作成效不佳。

方法五：

在自己的『紫微命盤』上，找出『化忌』的星曜與位置。

『化忌』是以『出生年干』來定的，甲年是『太陽化忌』，乙年是『太陰化忌』，丙年是『廉貞化忌』，丁年是『巨門化忌』，戊年是『天機化忌』，己年是『文曲化忌』，

庚年是『太陰化忌』，辛年是『文昌化忌』，壬年是『武曲化忌』，癸年是

『貪狼化忌』。每一種『化忌』都有它自己本身的特有含意。會針對某種特殊的人、事、物做一種特殊的刑剋。有時候『化忌』所跟隨的主星在居旺的位置時，它只代表一種特別的古怪。所以我們要瞭解、並想辦法剋服這種刑剋，才能躲避此『化忌』所造成的人生黑洞。

方法六：

在自己的『紫微命盤』上，找出『主星陷落』的星曜與位置。

『主星陷落』是指每個命盤上各個宮位的主星光度不強，是陷落之位的。這就表示該宮位所代表的人、事、物的能力與功能不強。例如

官祿宮的主星為『太陽陷落』時，表示事業會暗淡，成就不高。如果有『陽梁昌祿格』，仍可讀書致仕，但會比別人慢。如果也無『陽梁昌祿格』，表示也不會讀書，容易工作也不順心，只能默默做個小公務員。比不過人家。內心的嫉妒與悔恨成為人生最大的黑洞。同時此人在男性工作場所沒有競爭力。另外，如果財帛宮有『太陰陷落』，太陰是『財』，是一月一次的財，也代表月薪。居陷時，代表賺錢少。薪水少。房產少，積蓄少。也和女人不合。

方法七：在自己的『紫微命盤』上，找出『祿存』的星曜與位置。

『祿存』是以『出生年干』來定的，同時它是夾在擎羊和陀羅之間。正所謂『前羊後陀』，祿存在中間。『祿存』表面上帶祿，算是財星之一。但它是『小氣財神』。會把所有的財縮小到只有衣食之祿。也就是顧到吃飯而已的財祿。如此一來，財富就變小了。工作能力也變差了，他絕不會多做事，或多努力，性格吝嗇，只要夠自己吃的，用的，其他時間都懶惰，會自私自利，人緣很差。這其實也是一種刑剋。無法做大事，也無法成為巨富。

方法八：在自己的『紫微命盤』上，找出『大運、流年陷落』的星曜與位置。

運氣是主宰『人生黑洞』最大最原始的原因。有的人一出生運氣就不好，一出生就面臨『人生黑洞』。這種人容易長不大、早夭。有的人稍好一點，但幼年、青少年總是遇到挫折，這樣容易讀書讀不好，或無法繼續受良好教育。一生必須辛苦打拼，才能混出個模樣來。有的人幼年好，青年或中年不順。『人生黑洞』折騰了美麗的人生黃金時期。要熬很久到老了才平順。

當然！也有讓人羨慕的含著金湯匙出生的人，一生無憂無慮的生活著，彷彿嬌養貴賓狗一般活著的人。但他們仍會有人生低潮，或心裡不滿足的地方。是故，每個人都有自己的『人生黑洞』，這是我們的人生功課，更是我們自己必須跨過的門檻。我們可以藉著找出自己的大運或流年低落的時間點來想法子彌平或安全度過難關。

通常人在大運中有連著三個大運不好，或是連著三年流年不佳，就會遇到『人生黑洞』了。不過不好的大運或流年中，會各自代表不同的問題。我們如果能瞭解該星曜所代表的意義，事先做預防或準備，把會發生的災難降到最輕，也能安然度過。

第二節　從『八字四柱』來找出『人生破洞』

每個人在紫微命盤上可看出其人的『人生破洞』。當然從八字四柱上也可以看出其人的『人生破洞』。通常還會更容易一些。

八字有四柱，每柱有兩個字。四柱和八字也代表出生時間的『年月日時』的干支。所以任何時間標的都可轉化為八字四柱。

從八字四柱中來看其人的『人生破洞』，其實非常明確。在『年月日時』中間，只要干與干的刑剋，支與支的刑剋、會上下干支的刑剋，再加上行大運的刑剋都會造成其人的『人生破洞』。這是不得不注意的，有時嚴重時，就會早夭死亡。

甲刃在卯。丙刃在午。戊刃在午。庚刃在酉。壬刃在子。

只要在八字四柱上出現有『甲、卯』，或『丙、午』，或『戊、午』，或『庚、酉』，或『壬、子』等一組的字，就會有『羊刃』。逢到運程時就會有血光之災。不小心可能有性命之憂。

例如：甲年卯月生人，與卯年甲月生人都有『羊刃』。丙年及戊年生在午月的人也都有『羊刃』。庚年酉月生人，及酉年庚月生人也都有『羊刃』。壬年子月生人與子年壬月生人也都有『羊刃』。尤其要小心帶刃的月份所產生的血光及喪命之憂。

第三章　有關人生的『紫微破洞』

第一節　本命格的『紫微破洞』

本命格的『紫微破洞』

所謂的『紫微破洞』或『人生破洞』、『人生黑洞』，都是在講人生中較砍坷的運氣時間點。但有的人本命就是『破軍星』或『耗星或『殺星』或『囚星』(廉貞星)，或羊陀、化忌等刑星。『紫微破洞』就在自己身上，要小心應對。

人的出生無法選擇，所以你的命格也無法自己選擇。否則大家都會選一個好命，選一個富爸爸，一輩子養尊處優的過日子，世上也就沒有窮人，也就沒有那麼辛苦了！

以前我曾說過：『人都是順應時間需要所誕生的。』這就表示在這個人出生時候，你家裡及父母所面臨的狀況。

本命『破軍星』的人之『人生破洞』

即所謂：破軍坐命的人出生時，你的家裡已繁盛一段時間，或昌盛一段時間，已有弊端，需要改革，亦可能即將遭遇大難、大事件，需要你來打拼努力或去腐存菁來復建。所以在你的性格中必具備善於改革、丟掉不好的，善於接受新事物，新觀念，大膽、勇猛直前、衝動，敢說別人不敢說的話，敢做別人不敢做的事。除非你亦有文昌在命宮，否則你連道德觀都會大膽開放的。

所以『破軍』坐命的人，會從小遇到家道中落，或欠債，或父母離婚，家破。當然，在你的人生中，這些問題也不斷的重複在發生。所以他們通常會有環境與健康、或婚姻上三方面的破洞。

1. 生長環境的『紫微破洞』

『破軍』坐命的人，很愛打拼，聰明，會運用智慧變化的來解決問題。如果八字裡帶財多的話，也能成為鉅富。

例如：美國亞馬遜集團的老闆傑夫・貝佐斯（Jeff Bezos）是『破軍化祿』坐命的人。**貝佐斯命格中的破洞在：**

1. 母親16歲結婚一年就離婚。
2. 貝佐斯跟隨繼父姓貝佐斯，繼父帶來2個小孩，所以家庭關係複雜。但貝佐斯對科技的興趣。其繼父正是攻讀數學和計算機本科學位，並做為一名工程師，對於貝佐斯提供優質科學研究的環境。
3. 不停的創業、不停的勞動，勞動又可提供他新點子再創業。
4. 貝佐斯自己也離婚。
5. 性關係複雜（需要消耗）。

2. 健康上的『紫微破洞』

『破軍』**坐命的人，最後都會有身體的『破洞』**，會有多次開刀，或最後得到水道系統、淋巴系統的病症、大腸、肺部、氣管的病症、癌症終了。他們很愛吃藥及嚐試新療法。通常『破軍』坐命的人都不會太長壽，60歲、70歲很好了。這些都算是他們的『人生破洞』。

3. 婚姻上的『紫微破洞』

破軍坐命的人在性伴侶關係上較能突破傳統。他們多半會再婚，或同時有多名異性朋友交往，也不在乎對方是否再婚。當然，很多命格的人也會這樣。不過破軍坐命的人是格外突破傳統，打破禁忌，並不在乎輿論的抨擊，我行我素的性格堅強的人。

本命『紫微、破軍星』的人之『人生破洞』

『紫微、破軍』坐命的人之中，除了有『破軍星』之『破』的特質外，他還有紫微復建的特質，或長相氣派的特質。此命格的人能在家道中落中力挽狂瀾，或負起養家活口的責任。如果際遇好，能在政治圈中翻雲覆雨。一般也能在藍領階級中領到中高收入。只要沒有文昌、文曲在命、遷（遷移宮）二宮出現，形成窮的格局，收入及生活都還不錯。只是『破軍』破耗的特性仍會俱在。1.父母會離婚。2.生活環境複雜。3.常創業、耗財多。4.身體體力的消耗、破耗及病痛。5.自己也離婚，婚姻不美。

『紫破坐命』的人，紫微主『復建』及『愛享福』。所以他們在人生黑洞中只要稍稍過得去，仍然有衣食享受就好了，不會太計較太多。他們最壞的大運在

『廉貪運』和空宮有廉貪相照的大運，陽男陰女會在45歲左右會碰到。陰男陽女會在25歲左右會碰到。

本命『武曲、破軍』的人之『人生破洞』

『武曲、破軍』坐命的人中，『破軍星』之『破』的特質特別強。主要是錢財和軍事上的破洞。因為武曲居平，武曲財星被破軍耗星所刑剋拖累，所以基本上這是窮又破耗的命格。所以縱然是環境遷移宮是天相居旺，仍然只是求生活的溫飽而已。在名人之中有張學良先生是此『武破』坐命的人。他把父親東北王的江山都給丟了。又被蔣介石拘禁一生。所有『破軍』的特性都在，女人多。因為生活拮据，吃穿都很省，把子女送出國，財富藏於國外，才能活到百歲。如果能痛快的吃喝玩樂，是活不到這個壽命的。

『武破』坐命的人，主要是錢財的耗損、欠缺，本命財少。性格剛硬、好鬥。因為智慧也不足，韜光養晦可補足財的不足。但他卻強力愛打拼，會越做越窮。如果有『陽梁昌祿格』的人，可靠讀書及高等學問改變人生。

本命『廉貞、破軍』的人之『人生破洞』

『廉貞、破軍』坐命的人中，因為廉貞及破軍雙星俱陷落，『破』之特質真是超級破了。不但環境破，不受人待見歡迎，自己本身也缺乏教養及禮貌，因為他們都是在父母最慘的時候出生的。或會失去父母之一。所以一出生便遇到人生黑洞了。

有一位『廉破』坐命的朋友，兩歲時父親的朋友來家裡做客，看他很可愛，便要求給他做兒子。這位朋友剛發富，父親很羨慕，心想兒子以後能繼承其財富，因此就把兒子過繼給這父親的朋友了。誰知四歲時養父以玩股票輸了精光，想把小孩退回原家。但原生家庭的父母已離婚，沒人肯收。於是他的童年在被踢皮球，東踢西踢中成長。他很氣憤，這也不是我的錯！我怎知道會這樣啊？確實！只是父母把你生的時間不好而已！

『廉破』坐命和『天相陷落』坐命的人，其人生的第一個大運都不好。人生也會起起伏伏，但他們的人生中會有奇遇。此奇遇有大有小。如果有文昌或文曲在命、遷二宮出現，就是天生窮命，就要以立功、立業為主，人生也會有大成就。

如果又想不開喜歡追著錢跑，一直想賺錢、弄錢，就會偷雞不著蝕把米，把自己的人生黑洞越搞越大，臨死還搞個大窟窿給家人背。

『廉破』坐命的人，坐命酉宮的人，中年可發富。坐命卯宮的人，要看生年如何，以及四化星和羊陀火鈴的組合好壞，才能決定命運的吉凶好壞。但總體比較起來，它是比『廉破坐命酉宮』的命運差一些，因為他們都有四個空宮，而『廉破坐命卯宮』的人有『日月反背』的格局，又多兩個弱的大運，命運更加多舛。

本命『擎羊』的人之『人生破洞』

『擎羊』坐命的人基本上屬於空宮坐命的人。要看對宮遷移宮的星曜為何，也要看『擎羊星』的旺弱，以定吉凶。例如：『擎羊』在辰、戌、丑、未四宮為居廟旺的，故本命居旺。其性格較強悍，有仇必報，殺人不眨眼。『擎羊』在子、午、卯、酉四宮為居陷的，故本命居陷落『擎羊』坐命的人。這是較低層次的命格。也會更凶險及惡毒。

『擎羊』坐命的人實質是刑剋自己與周邊的人的命格。你們都是帶著血光出生的。因為出生之時，母親會流很多血，或大出血，性命垂危。你們的脾氣不好，較自私。也會刑剋自己。

『擎羊』坐命者的人生破洞

擎羊坐命者刑剋自己有幾方面，這些都是人生的破洞～

1. 例如容易有外傷、開刀手術、頭面有破相、會挑食、健康出問題，有肝臟、腎臟、心臟的病變，眼目不佳，有些也會貧血。例如『廉相羊』命格的人就有血液問題，血液有雜質，或地中海貧血，如帶化忌還有精神疾病或兔唇、嘴角傷殘。
2. 在心理方面：容易多思多慮，睡眠品質不好，常因休息不夠而身心俱疲，而造成脾氣更為暴燥和憂鬱症或躁鬱症。
3. 每逢行運（包括大運、流年、流月、流日）到『擎羊運』時，就會夜間難以成眠，白日精神不濟，容易運氣低落而遭災。要小心車禍、刀劍、石頭砸傷或鐵器砸傷。

『擎羊』坐命的人和走『擎羊運』的人其實都會說話難聽，會說話帶刺，讓人難受。所以是比較難相處的。大家也會躲著他們。不過，你真對他們有利益好處的時候，他們也能委曲求全的巴結你。但用過便會一腳踢，不太認識你了。

本命擎羊星的人，性格平常溫和，遇事較凶悍。擎羊居旺的人較有計謀，可做大將軍征戰沙場。擎羊居陷的人，陰險懦弱，不走正道。你們都是帶著血光出生的，所以一生也要小心血光之災，開刀、肝病、大腸癌等等。以及眼睛不好，睡眠不佳。你們一生最大的『人生破洞』也是自己。雖然常用腦過度，又愛競爭，但常做些沒意義的事。或生些沒意義的氣，使自己運氣更差。你們也怕錢財成為『人生破洞』。

本命『七殺星』的人之『人生破洞』

本命七殺星的人，大多非常忙碌，即使有『七殺、天空』或『七殺、地劫』在命宮，也會窮忙。你們意志堅定，想到什麼就去做，執行力非常強，但企劃能力較弱，往往須要軍師幫忙出主意或道聽途說，而形成自己的主意而行動。

本命七殺星的人，大部分是環境好，家中過得去，算是富裕。而且婚姻也平順的人。你們的『人生黑洞』常是：

1. **朋友及下屬間的是非，帶給你極大的傷害。**
2. **健康問題常困擾你。會打擊你的工作及事業計劃。也要小心生子女的問題。未來子女也多爭鬥不合。**

本命『貪狼星』的人之『人生破洞』

本命貪狼星的人，因為長期運氣好或還不錯，因此較貪心，這是一定的。若有『貪狼、天空』或『貪狼、地劫』，就會不貪心了。同時好運也會變淡。你們常用第六感做事及企劃事情。成功的機率很高。你們的環境和家世都不錯，婚姻運也很好。能找到相合的配偶。若是沒找到，那就是你認人不清，或是好運沒那麼多了。要好好檢討。

本命貪狼星的人，有的是父、子、僕不好，有的是兄、疾、田不好，這些都是人際關係所形成的財富。父疾二宮不好，健康出問題。子田二宮不好，錢財存不住，無法積富。兄僕二宮不好，無法用人。這些都會成為你的人生黑洞。當流年、流月走到時，就會遭災。

本命『廉貞星』的人之『人生破洞』

本命廉貞星的人，因為長期喜歡籌謀事務或鬥爭，因此既貪心錢財又貪權力。若有『廉貞、天空』或『廉貞、地劫』，就會做一些不實際的籌謀，或判斷錯誤的鬥爭，失敗得很慘。當廉貞居廟時，**你的『人生破洞』多半在你的親人，如父母、配偶、子女，或兄弟，朋友之間**。這是人際關係的事。你與他們思想不一樣，雖然表面你很重視人際關係的拉攏，但重要關頭你不一定能控制他們。你是一個很政治性的人物，向外發展對你有利。當廉貞居平時，是雙星模式，你的親友間的『人生破洞』反而較少。

本命『紫微星』的人之『人生破洞』

本命紫微星的人，因為也一直有些一般的小運氣，和復原的力量很強。讓他們自以為有很多好運用不完。但是須要有大的好運時，卻往往後繼無力。而且他們愛享福，也不願多勞動或多出力，喜歡高高在上讓別人服侍。所以不想辛苦，自然成就也只有一般般了。其人父母宮較弱，會看不起父母。在工作場所也會和上司或老闆有爭執，或不合。

所以你是在父母要轉運時所出現的人。所以你們有些是『兄、疾、田』較弱。有些是『父、子、僕』較弱。這些會形成你們的『人生破洞』。

本命『武曲星』的人之『人生破洞』

本命武曲星的人，因為本命是正財星。所以一心向財。三合或六合宮位、對宮必有天府，或和天府同宮。這表示聚集財的力量很強。武曲的人很小氣，他不刻薄別人，而是刻薄自己。住的地方很簡樸，不裝潢。吃的也很簡單。他一生最愛的是錢，對家人很照顧，寧願自己辛苦、勞碌、節儉，也要讓家人生活飽滿富足。所以武曲星的人之『人生破洞』在福德宮，是天生的勞碌命，無法享福。也靜不下來，會一直工作賺錢。

本命『太陽星』的人之『人生破洞』

本命太陽星的人，性格豪爽，聲音大，心胸大。像太陽照射熱烘烘的一般。此命格的人是天生主貴的命格。所以有『陽梁昌祿格』的人，會有高學歷跟官運。也會有高收入。即使貴格不完全，行運走到太陽運，也會愛工作，事業運很強。太陽居旺的人，人生順利度較大較快。太陽居陷的人，會性格較悶。人生順利度稍慢。你們的婚姻運很順利。但會在工作上有起伏，錢財有波動，算是『人生黑洞』。

本命『天同星』的人之『人生破洞』

本命天同星的人，性格溫和世故，一派老好人形象。做人做事圓滑，也很天真。你們較愛享福、愛玩。比較注重家人、朋友的相處。但你和朋友都相互不瞭解對方，還有在錢財管理方面也不佳。這兩項是你的『人生破洞』。

本命『天機星』的人之『人生破洞』

本命天機星的人，性格善變，聰明，愛捉弄別人，表現自己的聰明。你們喜歡當上班族、薪水族，不喜歡做多餘的事情，奉公守法，準時下班。但你們天生是非多，人際關係不妙，和兄弟姊妹之間也多事非。你們的『人生破洞』常發生在工作和錢財上。

本命『太陰星』的人之『人生破洞』

本命太陰星的人，性格溫和，但常時晴時陰，不穩定。你們喜談戀愛，高興時對人很體貼。也容易有公主病或王子病。你們喜歡存錢和買房地產。喜歡和銀行打交道。你們的工作好，錢財就很多。存款也多。如果做薪水族，會非常辛苦。

你們的『人生黑洞』主要在自己的心情好壞。心情好，福分多，就沒有『人生黑洞』了。心晴不好，『人生黑洞』很大，也容易為情自殺。

本命『巨門星』的人之『人生破洞』

本命巨門星的人，性格有的開朗，有的古怪，但都愛講話。有些人很有說服力，有些人很聒噪。他們非常聰明。但在命理上，『巨門』是隔角煞。表示有被刑剋到。因此有的人會家境不好，有的人家中多是非或打官司。有的人身體傷殘。所以你們的『人生破洞』常在你自己身上，或是工作及賺錢上。多運用口才發展事業，你才能改善此破洞。

本命『天相星』的人之『人生破洞』

本命天相星的人，性格溫和，喜歡公平。天相是勤勞的福星。故很愛服務人群。

此命格的人因遷移宮必有破軍，所以環境會亂糟糟，常須要他來善後或重整。天相居廟旺時，福多，天相居陷時，福少，環境破爛無財。你們最大的『人生黑洞』在兄弟和朋友，所以在家應對兄弟姊妹的紛爭要多忍耐。要注意交友，以防吃虧上當。

本命『天梁星』的人之『人生破洞』

本命天梁星的人，性格溫和，愛聊天說古。天梁是蔭星，故愛信宗教。你們是有上天庇佑的人。因此命格中易有貴格。有『陽梁昌祿格』的人，會具有高學歷，能為高官，或高級領導人才。你們也能做蔭庇百姓的人物。天梁也是復興重建的命格，因此你們的誕生，必是家中有事，要你們來蔭庇復興及重建的。所以你們的『人生破洞』在你們的環境之中。環境中多是非的，你就幫忙破除官司，拯救家人。環境中須要你光耀門楣的，你就努力讀書事業揚名。環境中須要你照顧人的，你就做個大善人。

本命『祿存星』的人之『人生破洞』

本命祿存星的人，性格溫和懦弱、保守。很計較錢，因為命格受『羊陀所夾』，所以很怕被欺侮。他們很膽小、自私，只顧自己，也不喜與人往來，很自閉。他也很會存錢，捨不得花。只顧自己的衣食，不會同情別人。此命格的人，多半是遺腹子，或是過繼給別人的小孩。他們最大的『人生破洞』就是他自身的心理問題。如果能解決，也能幸福過日子。

本命『陀羅星』的人之『人生破洞』

本命陀羅星的人，性格慢吞吞，有時又急躁不堪。你們常有心事在心裡打轉，不說出來，希望別人來猜。你們的人緣不好，也沒人真心關心你，很讓你生氣。陀羅居旺時，能做大將軍，很強悍。陀羅居陷時，易是宵小、雞鳴狗盜之士。你們的『人生黑洞』也在自己。凡事拖拖拉拉，考慮再三，把好運都搞丟了！

第二節　生命殘疾的『紫微破洞』

這裡所談『生命殘疾的『紫微破洞』』，其實就是談生命的長短與終結點。並且也談一些身體的傷殘現象的發生與時間點。

(例一)身體疾病與殘疾的『紫微破洞』

英國著名理論物理學家史蒂芬．霍金（Stephen Hawking），被譽為繼愛因斯坦之後最傑出的理論物理學家。他以研究宇宙論和黑洞最知名。霍金出生於 1942 年，他是改變世人宇宙觀的英國天文奇才。

但霍金又是一位飽受疾病折磨、長期坐輪椅的科學家。

霍金是『太陽化權』坐命午宮的人。對宮有『天梁、右弼』相照。三合宮位官祿宮中有『巨門化祿陷落、文曲化科落陷、擎羊』。所以身體會有傷殘現象。1963 年，年僅 21 歲的霍金，當時他流年逢『廉殺運』，發現自己行動開始變得笨拙，經檢查，被確診為患有運動神經細胞萎縮症，醫生當時預計，他只能活二到三年。中文叫肌萎縮性脊髓側索硬化症，也稱為運動神經元疾病(也有俗稱為『漸凍人症』)。他晚年已全身癱瘓，有『文曲化科陷落』無法發聲，必須依賴語音產生裝置來與其他人溝通。最初裝置透過手持開關來使用，最終需要透過使用單邊臉頰肌肉。

若從霍金出生的時間與八字干支，更容易看出他為何智慧這麼高，又身體得罕見疾病。

霍金的八字是：

辛巳
辛丑
日主 辛酉
甲午

霍金的日主是『辛酉』。『辛酉』是珍貴的珠玉。辛祿在酉，為朝廷重寶，是非常名貴珍惜的物品。此命格的人，只須有水出干，要沒有木，沒有火，且無沖剋刑害，會成為至尊至貴的命格。日主『辛酉』，生於丑月，天寒地凍。干上有三辛一甲，支上有巳丑酉會金局。且有『午酉相破』的刑剋。所以命局的精華遭到破壞，身體得到罕見疾病，以致不能動。但命格主體仍十分清亮秀美，故有極高的學術成就。並且帶病延年，活到76歲才亡故。大運在癸運，2018年戊戌年，為土蓋水而亡故。他的命格須要火來溫暖做喜用神。雖然時支是『甲午』，午中有丁火，但只有甲、丁，不足以解凍。甲木無根，丁火無力，本不足以取貴，但他專注學術研究，終就在學術研究中得到讚譽。

霍金是第一個提出由廣義相對論和量子力學聯合解釋的宇宙論理論之人。他是量子力學的最多世界詮釋的積極支持者。他的著作《時間簡史：從大爆炸到黑洞》曾經破紀錄地榮登英國《星期日泰晤士報》的暢銷書排行榜共計 237 周。

霍金警告地球人們勿再尋找外星人，外星人非常有可能不懷好意，人類不該再發送訊息到宇宙中的其他星球，想要與外星人接觸。從歷史中就可以看出，高智慧生物很可能帶來苦難災害。外星生物可能已消耗殆盡自己星球的資源，為了獲得新資源，他們乘坐太空船，像遊牧民族一般到處遷徙，討伐與侵略其他星球，外星生物很有可能使這地球淪為殖民地。也可能改變地球物種。

(例二)身體疾病與殘疾的『紫微破洞』

最近在媒體中看到養鴨王子蔡義德的例子。他自襁褓時期，因雙親疏忽未在周歲時施打疫苗，因而罹患小兒痲痺導致下半身癱瘓，左手呈現萎縮情形，父親始終不放棄的帶著他四處求醫，多次手術，十歲才進入小學就讀。

蔡義德是『巨門、文昌』坐命巳宮的人。對宮遷移宮有『太陽』，表示沉默的男性對他好，會照顧他。父母宮是『廉相』。父母也對他好。其疾厄宮是『破軍、左輔』。表示是有特殊的原因導致他身體的殘疾。未來也要小心水土相沖的病症。

從他的八字更可看出他身體的殘疾與人生黑洞。

蔡義德的八字是：

乙巳
乙酉
戊子　**日主**
丁巳

蔡義德的日主是『戊子』。『戊子』是蒙山。易經曰『山下有泉曰蒙』。以山下有泉水之聲，空靈而響聲清徹之意。所以他也很會唱歌。通音律。他的命格是：戊土生酉月，是辛金秉令的時節。雖然戊土會生金，但子旺而母衰，金會洩土之氣，而使土寒。所以命局中須賴丙火照暖。更須癸水雨露來滋潤，才會長的好。所以取用神用『巳』中丙火。

此命格中，有二乙一丁出干。支上巳酉兩會金局。又有『子酉相刑』和『子巳相刑』。支上巳中有丙，子中有癸，丙癸都在支上沒出干，干上丁火無力，所以只主富不主貴。乙木雖是戊土的正官，但被座下的『巳酉會金局』所傷。是故幼年就有殘疾。但他有『陽梁昌祿格』，所以好學習，自學樂器與經商之法，生意做得很大。他的配偶運也很好，日主『戊子』。子為配偶之位，子中有癸水，戊癸相合化火，正是他的喜用。雖然紫微的夫妻宮有『太陰化忌、鈴星、祿存』，這只代表配偶和他的脾氣特別古怪的，且有古怪的聰明，但也很保守。2022年57歲在庚運尾。接下去走己運、戊運、丁運。老運更好。

(例三)身體疾病『紫微破洞』

布魯斯・威利的八字是：

乙未
己卯
己卯
日主　戊辰

布魯斯・威利 的命格

遷移宮 天府 左輔 65 - 74 辛巳	疾厄宮 天同 太陰化忌 文昌 55 - 64 壬午	財帛宮 武曲 貪狼 天空 45 -54 <身宮> 癸未	子女宮 太陽 巨門 文曲 35 - 44 甲申
僕役宮 擎羊 73 - 82 庚辰	土五局	陰男	夫妻宮 天相 右弼 25 – 34 乙酉
官祿宮 廉貞 破軍 祿存 地劫 己卯			兄弟宮 天機化祿 天梁化權 15 - 24 丙戌
田宅宮 陀羅 鈴星 戊寅	福德宮 火星 己丑	父母宮 戊子	命 宮 紫微化科 七殺 5 - 14 丁亥

這是影星布魯斯•威利的命格。他的日主是『己卯』。『己卯』是休囚、已失氣的土，貧瘠多石，沒有養分，無法生長植物。因此日主己卯的人常未到中年便已心灰意懶。因此命局中最好有丙丁出干，或丙丁藏於支上丑、戌中，才會對命局有救。最忌有酉、子來刑沖卯。並且，日主己土之人，命局中又支成木局的話，為『官煞會黨』。要有庚金出干，才有富貴。此為上格。若無庚金，用丙火也能化敵為友，成為大富之命。

今此命局中，無庚、丙出干。但胎元中有庚。一路走來大運都還不錯，故都有影片可拍。他的紫微命格是『紫微化科、七殺』坐命亥宮。對宮有『天府、左輔』相照。

表示說：他是性格堅毅之人，很愛打拼，也能得到他所想要的財富。他的財帛宮是『武曲、貪狼、天空』，對宮有火星相照，在50歲左右仍有偏財運可大發。其官祿宮是『廉破、祿存、地劫』，表示工作辛苦，很容易受傷。也會突然終止。他都拍的是體力活很大的戲，真是辛苦。

近來新聞報導布魯斯•威利得了『失語症』。此病接近失智症。從中醫的角度來看，都是腎水出了問題。我們看他的疾厄宮是『天同居陷、太陰化忌居陷、文昌居陷』，天同和太陰都屬水，文昌屬金。當這些星都陷落時，表示他欠缺的就是金水。所以會得此症。在他的八字中，日主『己卯』本就是貧瘠多石，沒有養分的土。再加上多年奮鬥勞累，身體怎不出狀況？我想他要好好養一養了，否則天年不保矣！

第四章　有關事業、錢財的『紫微洞』

在紫微斗數中，一般來說：代表事業好壞的是官祿宮。代表錢財多寡的是財帛宮。通常來說，官祿宮好的，事業一定好。不但地位高、賺錢多，生活忙碌。

官祿宮代表讀書成績的好壞

官祿宮在人的學生時期也代表讀書成績的好壞。所以我們都會認為：官祿宮好的，讀書也會好。其實好像大致也沒錯！但是你看命看多了以後，你會發覺這個定律好像也不一定那麼固定。有時候官祿宮不好，它只是代表斷斷續續的現象，或某種型式。它也會代表身體的下半部的問題。並不一成不變的解釋。

財富與事業並不劃上等號

另外，一般大家都認為事業好，錢財一定多。這好像也沒錯！但是有些人的錢財不一定來自事業和工作的。也可能不是自己賺的，可能是祖產，或是父母留下的，亦或是不義之財得來的。這必須靠機運。人財富的多寡，一出生就決定了。雖然我們常以『人定勝天』來勉勵自己，但這往往是無奈的安慰罷了。

暴發運會主宰人生的起落

在事業與財富能增多、增強的，還有一個關鍵點，那就是暴發運的形成與推波助瀾，那才能使人的成就和財富達到高峰。但是『暴發運』也有暴起暴落的問題。並不是每個人都能把自己的聲名和財富都能保留及守在最高點的。有些人可以以暴發運做跳板，越跳越高，那你必須連著幾個大運都很好，才能扶搖直上。反而絕大多數的人暴落的速度很快，沒兩三年就打落原形，也可能更慘！

第一節　有關事業的『紫微破洞』

前面說過：就算紫微命盤的官祿宮不好，也不代表事業運會不佳。而有些官祿宮險惡，再加上大運低迷，就真的兵敗如山倒了。下面就是解釋這不同事業運的例子。

(一)官祿宮中主星陷落，又逢擎羊

就像上一章裡所說的，像**以研究宇宙論和黑洞最知名霍金**，他本命是太陽化權，官祿宮是『**巨門化祿陷落、文曲化科陷落、擎羊**』。這樣的官祿宮是極差了，也代表智慧不高。但命格中有『陽梁昌祿格』，卻有文昌化忌，這文昌化忌在辰宮，表示他每到辰時所做的研究或想法都會重做，或繞了一大圈繞彎子才能明瞭與成功。但他從小卻是最聰明的人。讀書時是跳級上學，17歲便進入大學就讀。讀的也是一流的學校牛津大學。也到劍橋大學以研究生修讀宇宙學。一生在學校學術體系中做研究，一生也得獎無數。這樣的官祿宮只能代表他的工作會一段一

段的。會一個主題研究完，又開始另一個主題。而且這種研究往往是嘔心瀝血，很傷身體與精神的。他晚年即使無法發聲要用臉部的肌肉觸動電腦來發出聲音，幫助他和外界溝通，他依然在繼續研究宇宙太空。

如果從八字中，是更容易看出他的事業成就的高度的。

霍金的八字是：

辛巳
辛丑
日主　辛酉
甲午

霍金的日主是『辛酉』。『辛酉』是珍貴的珠玉。辛祿在酉，為朝廷重寶，是非常名貴珍惜的物品。此命格的人，只須有水出干，要沒有木，沒有火，且無沖剋刑害，會成為至尊至貴的命格。他的命格中前三柱都沒有沖剋，全是金局。屬於清貴格局。所以只有教師的薪資和研究費。到了丙運、乙運、甲運才真正富有。50歲以後才漸富有起來。

史蒂芬・霍金的命格

<table>
<tr>
<td>兄弟宮
武曲 破軍 天空 地劫
14 - 23 癸巳</td>
<td>命　宮
太陽化權
4 - 13 <身宮> 甲午</td>
<td>父母宮
天府
乙未</td>
<td>福德宮
天機 太陰
丙申</td>
</tr>
<tr>
<td>夫妻宮
天同 文昌化忌 鈴星
24 - 33 壬辰</td>
<td colspan="2" rowspan="2">陰男
金四局</td>
<td>田宅宮
紫微 貪狼 火星 祿存
丁酉</td>
</tr>
<tr>
<td>子女宮
34 - 43 辛卯</td>
<td>官祿宮
巨門化祿 文曲化科 擎羊
戊戌</td>
</tr>
<tr>
<td>財帛宮
左輔
44 - 53 庚寅</td>
<td>疾厄宮
廉貞 七殺
54 - 63 辛丑</td>
<td>遷移宮
天梁 右弼
64 - 73 庚子</td>
<td>僕役宮
天機 太陰
74 - 83 己亥</td>
</tr>
</table>

並且只有時柱甲午的木火來沖剋前三柱。這既是財，又是刑破之剋，擾亂了他的人生，使他份外辛苦。但就在這麼艱困遭病魔折騰之下，他仍達成探測宇宙及黑洞的艱深知識，使我們後人能大開眼界，能知道地球外的宇宙模樣。也能知道時間的歷史結構。另外一提的，在霍金的命格中也『火貪格』。在他的田宅宮，是『紫微、貪狼、火星、祿存』。所以霍金每逢酉年、卯年就會有得獎和突發一筆小財。當然到晚年大運好的時候，所發的暴發運就更大了，財富就更多了。

(二)本命『廉火貪』的事業起落格局

這是伊莉莎白・安妮・霍姆斯（Elizabeth Anne Holmes）**的命格**。她是血液檢測公司 Theranos 的創始人，此公司位於美國加利福尼亞州的帕羅奧多。

霍姆斯聲稱提出創新的，只需少量血液即可進行的血液檢查而聞名，已經解散。2015 年時，《富比士》因為公司估值 90 億美元，將其評選為全球最年輕、白手起家的女性億萬富翁。也曾被《時代雜誌》提名為「2015 年前 100 名最有影響力人物」。2016 年富比士將她的資產估值「從 45 億美元更新為一文不值」。

先說霍姆斯的紫微命格是『廉貞、火星』坐命申宮的人。遷移宮有『貪狼、祿存』，代表此人有『火貪格』爆發運，在命遷二宮。同時她天生就有投機取巧的天性，也很會騙人。因此說了一個彌天大謊，謊稱只要用一滴血，就能測出各種病症，包括癌症等。大家都對21世紀厲害的科技有迷思，因此都相信了。包括美國上層的政要首腦、以及希拉蕊等等。

霍姆斯在2004年成立了公司，公司名稱是Theranos，是therapy（治療）和diagnosis（診斷）的混成詞，並且租用了一個地下室及租用實驗室空間。霍姆斯成功地讓工程學院院長錢寧・羅伯遜支持她的想法並成為公司的第一位董事，並且向許多創業投資者介紹霍姆斯，她找到了六百萬美元的第一筆投資資金。她在2010底時，獲得的創投資金已超過$9200萬美金86，在2011年和前國務卿喬治・普拉特・舒茲見面，並加入霍姆斯的董事會。接下來的三年間，她「組織了美國企業史上最傑出的董事會」。她是用隱形模式來經營此公司，沒有新聞，也沒有網站，一到2013年9月，霍姆斯宣佈和沃爾格林合作，要建立在店內的血液樣品採集中心。她在2014年登上《財富》雜誌、《富比士》雜誌。成為全球最年輕、白手起家的女性億萬富翁。

事情的敗露和事業的衰敗

《華爾街日報》的John Carreyrou得到醫學專家透露的資訊，認為Theranos的血液檢測設備很可疑，因此開始了秘密調查。霍姆斯曾透過法務及經濟手段，給《華爾街日報》及吹哨人壓力，讓 John Carreyrou 不要公佈調查結果。但 John Carreyrou 在 2015 年十月時發表了「重磅炸彈的報導」。

美國醫保與醫助服務中心在 2016 年 7 月禁止霍姆斯在二年內擁有、經營或指導血液檢測服務。

亞利桑那州在 2017 年向 Theranos 提出訴訟，指控該公司賣了 150 萬血液測試產品給亞利桑那州居民，但是卻隱匿或歪曲有關測試產品的重要資訊。並且賠償美金共計 465 萬美元

美國聯邦大陪審團指控霍姆斯以及 Theranos 前 CEO 及總裁 Ramesh Balwani 涉及九項電匯欺詐以及二項串謀欺詐行為。檢查官認為霍姆斯和 Balwani 涉及二項犯罪計劃，一個是針對投資者的，另一個則是針對醫師及病患。2022 年 1 月，陪審團裁定霍姆斯犯下包括刑事欺詐罪在內的 4 項罪名。

霍姆斯的超廣人脈

Theranos 公司董事會的十二名成員中包括前國務卿亨利・季辛吉、前國防部長

威廉・佩里、前國務卿喬治普拉特・舒茲、前參議員山姆・納恩及比爾・弗利斯特、前海軍上將蓋里・羅海德、前國防部長詹姆士・馬提斯、以及富國銀行的前 CEODick Kovacevich 及比奇特爾公司的前 CEORiley Bechtel 。她高調的私人投資者包括媒體大亨魯伯特・默多克、川普總統任內的教育部長貝琪・戴弗斯、沃爾瑪的沃爾頓家族、考克斯企業的考克斯家族以及墨西哥百萬富翁卡洛斯・斯利姆，在公司倒閉時都損失了上百萬美金。

霍姆斯的八字是：

癸亥
乙丑
丁卯　**日主**
丙午

在霍姆斯的命格中，日主『丁卯』，是祭祀所點之香火。喜歡木屑粘合，則香氣盤繞，可達天庭而主貴。若命格四柱無壬有癸，則丁火有時生，有時滅。若無壬癸，則會散漫、燥烈，灰飛煙滅。在她的命格中，是丁火生丑月，天氣大寒，干透癸水，為『七殺格』。故其人很兇，錯了也不會認錯。而且癸水出干，注定她是有時生、有時滅了。還有干上有丙火出干助丁，支上亥卯會木局。可惜不是甲木出干。生於冬月的丁火，必用甲木為第一用神。霍姆斯在 2004 年甲申年發跡創立公司。那時她才 20 歲。大運在戊運。2015 年她 31 歲開始達到頂端，並展露破敗的跡象。2016 年開始一連串的訴訟，2022 年 1 月她的四項刑事詐欺罪成立。所以她的事業只維持了 10 年。曾經爬上美國名人的排行榜，又從 45 億資產一文不名。目前她 38 歲，馬上會走到 42 歲開始的庚運，就是她的財運所以她還有機會翻身騙人。

霍姆斯的紫微命格是『廉貞化祿、火星』，對宮有『貪狼、祿存』相照。從紫微盤上來看，她有『火貪格』偏財運格，但在八字上，她命格中只有一個偏財，所以她本來不應該會發的，大運也不在發的時間上，是她運用聰明騙來的。所以會垮。但到 42 歲的大運庚運是正財運，52 歲是真正的偏財運，又有可爆發的機會了。

廉貞坐命的人，本來就善於騙人。他們認為那是計謀。再加火星，就不走正道，容易做黑道的事。她的命格『廉貞化祿、火星』的解釋是：用很圓滑的、帶財多的計謀來做不法的黑道事情，來為自己謀利。大家以後再看到這種命格就不要再一昧的相信她會為你創造財富，她垮得也很快呢！

伊莉莎白・霍姆斯的命格

子女宮 天梁 地劫 天空 34 - 43 己巳	夫妻宮 七殺 2 - 33 庚午	兄弟宮 14 - 23 辛未	命　宮 廉貞化祿 火星 4 - 13 <身宮> 壬申
財帛宮 紫微 天相 文昌 左輔 鈴星 44 - 53 戊辰		陰女	父母宮 癸酉
疾厄宮 天機 巨門 擎羊 54 - 63 丁卯	金四局		福德宮 破軍化權 文曲 右弼 甲戌
遷移宮 貪狼 祿存 64 - 73 丙寅	僕役宮 太陽化忌 太陰 陀羅 丁丑	官祿宮 武曲化科 天府 丙子	田宅宮 天同 乙亥

(三)『甲申相刑』的事業起落格局

戴勝通的八字是：

丙戌
戊戌
日主 甲申
癸酉

這是帽子大王戴勝通的命格。他是臺灣有名的企業家，為三勝製帽股份有限公司的董事長與中小企業協會理事長，被譽為「帽子大王」。把家族的草帽公司，拉拔到世界級。曾擔任過查德名譽領事，榮獲中國第六屆青年創業楷模。2002 年曾隨陳水扁總統出訪巴拿馬，並提出「拒兩岸三通」、「根留台灣」等建言。投資海地建廠完成後，才剛開工，海地就發生暴動，工廠又失火，他也遭綁架，而政府先前承諾的 480 萬美元的貸款，遲遲下不來，然而在 2004 年時發生財務危機，在海地的投資案也失利，並因扁政府給與的480萬美元貸款而被調查。

後來轉進中國，事業仍無起色，3億多的個人資產賣光，仍負債10幾億，在逆勢下，59歲關廠歇業。他說：「**那個跤太痛，但值得，我一下子都想通了。**」

以前風光時，戴勝通眼中看到的都是錢，一無所有之後，才發現：生命中最珍貴的資產，是始終在他身邊的家人。

戴勝通的日主是『甲申』。『甲申』是巨木被砍斷後，落入水中之木。此為枯木，有水分滋潤，與金石一樣堅硬。因此以水為用神。若四柱有火有金，枯折立見。在此命格中，為日主甲木生於戌月，有丙戌出干，九月土旺用事，支上雙戌是乾土，為財多身弱。但火非當令旺神。仍會火旺木枯，必須用印（壬癸水），財能『得地逢生』。書云：『甲乙秋生貴元武。』元武就是壬癸水。所以以印星壬癸水為用神。以戊土財星為病神。

在戴勝通的命格中有四個偏財。這是財多身弱，要用印制財。命格中偏財多的人易起僥倖之心。好賭。雖然他沒去賭博，但賭的是事業。在八字上日柱是『甲申』，是干支上下金木相剋，必有災難。60歲之前他就在此刑剋中。從八字大運中，他在52歲開始走甲辰運，62歲走乙巳運，72歲走丙午運。已沒有好運了。好運在30歲至50歲之前壬癸運都走完了。

戴勝通　命盤

田宅宮 太陽 祿存 33 - 42　癸巳	官祿宮 破軍 擎羊 43 - 52　甲午 <身宮>	僕役宮 天機化權 53 - 62　乙未	遷移宮 紫微 天府 地劫 63 - 72　丙申
福德宮 武曲 陀羅 23 - 32　壬辰	陽男		疾厄宮 太陰 73 - 82　丁酉
父母宮 天同化祿 13 - 22　辛卯	木三局		財帛宮 貪狼 火星 83 - 92　戊戌
命　宮 七殺 天空 3 - 13　庚寅	兄弟宮 天梁 文昌化科 文曲 左輔 右弼 辛丑	夫妻宮 廉貞化忌 天相 鈴星 庚子	子女宮 巨門 己亥

我們再看他的紫微命格。他是『七殺、天空』坐命寅宮的人。對宮還移宮有『紫微、天府、地劫』。這表示他的想像力很好，也願意打拼。很敢打拼。但有些先天時間上的問題他沒考慮到。例如他沒算到自己的大運好不好？因為他的財帛宮是『火貪格』，財福二宮形成『武貪格』加陀羅。他一直賺錢很容易。就連現在他做點小生意也賺錢很容易。但賺大錢的機會不多了。在紫微大運上，他59歲的大運在僕役宮，是『陷落的天機化權』。正是頑固的聽朋友的話，強力要崩落。還好有兄弟會幫忙救助，否則會自殺。他的官祿宮是『破軍、擎羊』，表示在事業上會有斷斷續續，一段一段停滯的現象。所以有這種官祿宮要小心破產，也多半會做與刀劍、傷災有關的工作。以前有位朋友有此官祿宮，他做分割雞肉及包裝的工作。

戴勝通的配偶運其實不算好，但他的太太一直不離不棄，讓他很感念。他的夫妻宮是『廉貞化忌、天相、鈴星』，但有官祿宮的『破軍、擎羊』相照，這種格局表示他的配偶可能有身體傷殘。可能有兔唇、或血液、或開刀的問題。夫妻聚少離多反而對彼此有利。從八字來看：日主『甲申』。『申』為配偶之位。干支金木相剋，通常不是離婚，或碰此大運易消亡。

雖然他說：「那個跤太痛，但值得！」，我想七殺坐命的人都是不信邪的！他如果能早點算到這一跤會摔掉他一生，他還願意大張旗鼓的去海地投資嗎？

第二節　有關錢財的人生破洞

在絕大多數人的觀念裡，是以財富的多寡來論人生成功與高低的。但是人的命運往往一出生就決定了。它是由時間標的的五行運行所決定的。很多人不服氣想更改變動它，但總逃不過命運的擺弄，有些人雖辛苦一生，但是終將一場空的。

在人生錢財的破洞中，從命理上有幾個根本的原因：

一、是本命財星少或無。或財多身弱，不能任財的。
二、是命理格局沖剋太多，把財沖掉了。(有些命理格局是要靠沖才會發。是不一樣的。)
三、是命格官煞太重，傷害了本命。
四、是命局中偏財多，愛賭博，不務正業。
五、是命局喜用神不得用，大運運程相背，走不到財運的運上。

本命財星少的或根本看不見財星的，也會健康不好或早夭。通常我們由八字就可直接看到有幾個正財，有幾個偏財。有些特殊的命理格局雖看不到財星，但仍可得財，如『傷官生財格』、『食神生財格』等等。在紫微斗數中，很多命格的『財』，只是普通吃飯的財。無法看成大財富。而且武曲、天府、太陰、祿存這些稱作財星的命格，也要從八字中才能斷定是否是真正的財多財少。並且相同的命格，因為八字不同，其擁有財富的多寡標準也不一樣。就像長榮集團的張榮發先生是太陰坐命的人。他就非常主富。而一般太陰坐命的人各自有自己的財富。

另外，在命局中財星多，形成『財多身弱』格局的人，是自己無法能掌握財，常常也是富屋窮人。這也是生不得時的關係所致。

通常，『機月同梁』格的人，會有一定的財富。那是在家族中生活及享受的物資條件。容易得到大富的人多半是殺、破、狼坐命的人。例如亞馬遜的老闆貝佐斯是破軍化祿坐命的人。微軟的老闆比爾蓋茲是『貪狼、火星』坐命的人，維珍航空的布蘭森也是『貪狼、火星』坐命的人。而馬斯克是『巨門化祿』坐命子宮的人。

有關命理格局沖剋太多，把財沖掉了。是指在八字四柱中，干與干的沖剋，或支與支的沖剋。嚴重的沖剋，把財星沖掉了，十分可惜！例如：

甲木及乙木的財星是戊、己土。

丙火及丁火的財星是庚、辛金。
戊土及己土的財星是壬、癸水。
庚金及辛金的財星是甲、乙木。
壬水及癸水的財星是丙、丁火。

若是日主是甲木的人，支上有『辰戌相沖』，辰和戌中都有戊土財星，兩相沖剋，雖仍帶小財，但不會富有了。例如日主庚金的人，命局支上有寅申相沖，寅中有甲木財星，也會被沖掉了。又例如：日主戊土的人，命局支上有『子午相沖』，子中有它的癸水財星，也被沖掉了。又例如：日主丙火的人，命局上有『卯酉相沖』，酉中有辛金，是丙火的財星，也會被沖調掉了。又例如：日主癸水的人，命局上有『子午相沖』，午中有丁火是財星，會被子水沖滅了。這些都會財少或無財了。

『**有關命格官煞太重，傷害了本命**』，例如：日主甲木的人，生於農曆八月酉月，是『正官格』。若命局中金重，或又成金局，剋制本命太過，也是會財少，又多傷災的。

命格八字中偏財多的人，總有賭一把的念頭。妄想以一乘十的翻數十倍的發財。但偏財運總有『暴起暴落』的特質。而且速度非常快，常是意想不到的快，因此很多人摔下陣來。有偏財運的人，總是相信自己的偏財運永遠用不完。一直不信邪！可是事實上兩、三年之間就會打回原形。在命理上，偏財是屬於他人之財，不是自己的財。屬於自己的是正財。要正財多，才會真正發富。就像馬斯克、貝佐斯他們都是命格中正財多，支夾暗貴的格局，所以會大富。

其實一般人最常見的命理格局，就是命理中『喜用不得用』，和大運運程相背。

『**喜用不得用**』，就是命局中缺少喜用神。例如：夏天生人，八字中缺水，卻要用戊土護助命體得活。但若逢火土交相煎熬，就可能生命不保，會窮。另外就是冬天生的人，八字中缺火來溫暖命體，也無戊土來築堤防，以致泛濫水漂。這當然也是會窮、會自殺的命格。日本演員三浦春馬自殺，和韓國歌手鍾鉉輕生，都是屬於這一類的命格。他們同時也是大運運程還沒走到財運的運程上去，以致財窮而輕生的。

有關財運的運程就是：

甲木及乙木的財運是戊、己土運。
丙火及丁火的財運是庚、辛金運。
戊土及己土的財運是壬、癸水運。
庚金及辛金的財運是甲、乙木運。
壬水及癸水的財運是丙、丁火運。

通常人的財運在20歲到60歲之間最好。如果在20歲之前，在幼年就走完了，那就會一生平平，無所作為。如果到60歲以後財走財運，只代表你老運好，發富的機會也不多。

所有成功的人，有錢的大富翁都是命格中有正財，又有偏財。偏財讓他爆發事業，正財讓他有根基繼續加富。這要兩相配合，才會成為大富之命。

現在來看一些實例：

(一)、反敗為勝的命格

大潤發集團尹衍樑的八字：

庚寅
甲申
日主　癸未
己未

這是大潤發集團尹衍樑先生命格。日主是『癸未』。『癸未』是彎曲河流中流過之水。癸坐未庫，流有彎曲。日主是癸水的人，有才智，多權謀。最好有金木透干，支上形成木局，這樣才會發達顯貴。若火土多，則遇而不遇，一生總失去好機會。

在他的命格中，日主癸未生於申月。申宮水長生，又是庚金得祿，母旺子相，不旺自旺。癸水是弱水，干上有庚金在申中得祿。有庚甲出干，支上『寅申相沖』，沖去壬根。本來此命格是七月生癸水，要用偏財破印（丁火破庚金）為選用神之正用。丁火不離甲木，木火相生，就是『有燄之火』，主有大富貴。但日主癸坐未庫，未庫為乾土，所以整個的命格還是欠水。故還是用『申』中壬水做用神較佳。你看他的大運就可瞭解此言不差！他幼年、青少年走乙、丙、丁運。丙丁運是財運，也沒幫到他，反而去感化院就讀。1966年（16歲）被父親送至省立彰化進德中學。小時愛打架鬧事。還好他八字木多，愛念書，慢慢轉回正道。先後念了台大商學院研究所與政大企業管理博士。這是由於他的年干和月干，庚甲相剋。年支和月支『寅申相沖』的結果。

他這命局好的是有甲木出干，支上寅未六合為木局，有貴顯之局。亦能用『庚金劈甲引丁』，丁火在未中。有這些好的格局讓他能發奮圖強。但不可不說的，仍是在他命格中有庚金和申這些印星的幫助，有其父留下的產業讓他能大展鴻圖。

我們從他的紫微命格中可看到：他是空宮坐命丑宮，對宮有『武曲化權、貪狼、陀羅』相照的人。表示他的環境很好，雖然自己是空宮很茫然，但環境會影響他。

6-15歲走空宮運，16-25歲也走空宮運，對宮有『太陽化祿、巨門、祿存、火星』相照，祿逢火星沖破。26-35歲走『廉破、文昌』的大運，這是一個窮運，念書還可以，所以他去念了商學院研究所。我們可以瞭解到他的人生黑洞，就在幼年、青少年到青年時期。

1975年(25歲)接掌父親創辦的潤泰紡織、潤華染織。

1976年(26歲)創立潤華機械及染料廠，雙雙以失敗收場，大虧3000萬元。

1977年(27歲)成立潤泰建設，跨足營建業。

尹衍樑坦承他在三十五歲以前，滿腦子想的都是如何賺錢，但是心裡愈是汲汲營營追求，錢財就愈是賺得艱辛，使他深受挫折。「人兩腳，錢四腳」的道理，使他領悟人追求錢財永遠追不上，改變心態決定先把事情做好，財富竟開始跟著累積。

他在36-45歲的大運是『右弼、天空』運，也不好。但外在環境有『天機、天梁、鈴星、左輔』，表示有長輩支持他。41歲時他父親過世了，由他主掌潤泰集團。46歲走『天府運』就平順了。

1996年(46歲)切入零售百貨市場，成立大潤發流通事業

1997年(47歲)進軍中國大陸市場，設立上海大潤發

2005年(55歲)取得中國大陸官方許可，為首家登陸中國大陸的營建業者

2008年(58歲)獲選為俄羅斯國際工程院院士

2012年(62歲)走『右弼、天空運』發生國安密帳案，尹衍樑收下劉泰英交付的旅行支票後，再開立總額2億5000萬元的多張支票，以個人、診所及公司等名義捐贈給臺灣綜合研究院；北檢偵訊期間因有坦承犯罪，並自願繳交1000萬元做

公益而做出緩起訴處分。

尹衍樑先生　命盤

官祿宮 天府 46 - 55　辛巳	僕役宮 太陰化忌　天同化科　地劫 56 - 65　壬午	遷移宮 武曲化權　貪狼　陀羅 66 - 75　癸未	疾厄宮 太陽化祿　巨門　火星 76 - 85　甲申
田宅宮 右弼　天空 36 - 45　庚辰	陽男		財帛宮 天相　擎羊 乙酉
福德宮 廉貞　破軍　文昌 26 － 35　<身宮>　己卯	火六局		子女宮 天機　天梁　鈴星　左輔 丙戌
父母宮 16 - 25　戊寅	命　宮 6 - 15　己丑	兄弟宮 戊子	夫妻宮 紫微　七殺　文曲 丁亥

2014年(64歲)走大運和流年同時是『天同化科陷落、太陰化忌陷落、地劫』運。5月爆發震驚各界的桃園合宜住宅案收賄弊案，時任桃園縣副縣長的葉世文因此收押；尹衍樑接受今周刊訪問時證實，是他向廉政署具名檢舉。尹表示：「我有嫉惡如仇的毛病，碰到路不平，我就拔刀除草。」

2016年(66歲)走『武曲化權、貪狼、陀羅大運』，是『武貪格』暴發運，財富大增。8月5日，上櫃公司群聯科技爆發假帳危機，8月8日、9日連續兩日無量跌停，8月10日爆出歷史天量3.47萬張，打開跌停，群聯董事長潘建成於8月9日拜訪尹衍樑，尹衍樑隔日以20億元買進群聯股票相挺，並公開表示「潘建成很努力，群聯值得投資」。

2016年(66歲)，台北地檢署偵辦兆豐銀案，展開第二波大規模行動，兵分7路搜索鑒機資產管理公司與涉案人住處，約談潤泰企業集團總裁尹衍樑作證，並以被告身分傳喚前兆豐金董事長蔡友才說明，總共約談18人；據悉，檢方掌握兆豐金借貸給潤泰企業集團逾200億元，且蔡友才接任鑒機董事長不到一個月，資本額即暴增120億元，其中是否涉及不法，檢方將一併清查，經訊問後檢方請回尹衍樑，但依照《證交法》對蔡友才與王啟梆聲請羈押禁見。

2019年(69歲)年，尹衍樑獲選美國國家發明家學院院士。

2020年(70歲)，《富比士》公佈的2020年台灣50大富豪，尹衍樑資產為27億美元，排名第11。

由尹衍樑上述的經歷，你可看出，首先要有祖蔭要有有錢的爸爸，其次自己要有爆發運，有錢之後賺錢是更容易的。所以他在40歲之前的人生黑洞都不算什麼了。不過他還有一個人生黑洞是健康問題。會有消化器官、脾胃胰臟或大腸有腫瘤的問題。因為他的疾厄宮是『太陽化祿、巨門、火星、祿存』。但可帶病延年。

(二)、命格財窮惹的禍

澎恰恰的八字是：

丙申
壬辰
壬子　日主
甲辰

這是藝人澎恰恰的命格。他的日主是『壬子』。『壬子』是氣勢滂沱的大水。

須要以煞制刃，用清流砥柱來力挽狂瀾。再加上印綬（庚辛金）、食傷（甲乙木）、與官煞（戊己土），互相來制伏它，如此才有富貴。

此命格中，壬水生辰月，本來是戊土司令，怕有堵塞河海之患，原本要用甲木疏土，再用庚金發水源。但他的八字中，有壬水出干，支上申子辰會水局，一片汪洋，漫流漂蕩，必須用戊土止水流做堤防，為用神。如果有戊土七殺出干，就能一夫當關，萬夫莫敵了。也會有更大的成就。但是戊土只在支上辰中有，所以無法制水。在他命格中，財星丙火也只在年干上有，而且是偏財，不是正財。

他在 1984 年（28 歲）甲子年，踏入演藝圈。

1987 年（32 歲）丁卯年，澎恰恰遇到名製作人王偉忠，主演之華視綜藝節目《連環泡》中的短劇。

1989 年（34 歲）己巳年，獲金鐘獎綜藝節目主持人獎。

1994 年（38 歲）甲戌年，與曾慶瑜聯手主持臺視《玫瑰之夜》。

1997 年（41 歲）丁丑年，成為臺灣職棒大聯盟嘉義年代勇士隊正式球員。

1999 年（43 歲）己卯年，與許效舜合作演出的《鐵獅玉玲瓏》受到歡迎，熱潮延續到 2002 年，並經過三立及老三臺的歷練。

2001 年（45 歲）辛巳年，以三立臺灣臺《草地狀元》節目主持人身分，獲金鐘獎「文教資訊節目主持人獎」。

2003年(47歲)癸未年，爆出「光碟自慰案」遭女演員盧靚拍下，事後澎恰恰承認影片中的主角就是自己，引起外界關注。澎恰恰曾表示當時由「黑道歌手」郭桂彬出面替他協調，沒想到卻被拐騙四千四百萬元。後又稱為八千三百萬。

2007年(51歲)丁亥年，以三立臺灣臺《黃金夜總會》節目主持人身分，獲第41屆金鐘獎「歌唱綜藝節目主持人獎」

2012年(56歲)壬辰年，以三立臺灣臺《超級夜總會》節目主持人（與許效舜）身分，獲第47屆金鐘獎「綜藝節目主持人獎」。

2015年(59歲)乙未年，與多年夥伴許效舜及友人陳偉昌共同成立「鐵人文創」娛樂公司，後變更為吉聯數位娛樂公司，提供線上遊戲平臺方案服務。

爭議事件

2013年(57歲)癸巳年6月，肢障歌手蔡義德參加節目《超級夜總會》的錄影演出，節目中包含主持人許效舜、澎恰恰在未告知的前提下為節目效果對蔡義德潑水、砸雞蛋，節目播出後引發惡評，澎恰恰隨後出面道歉。

2020年(64歲)庚子年8月6日澎恰恰宣布破產，負債新臺幣2.4億元。

我們由他的以上年表中可以看出，他在甲乙年會出名得獎，在庚辛壬癸年運弱。在丙丁戊己年會工作量多，較有財運。

澎恰恰的紫微命格是『破軍』坐命子宮的人，他的遷移宮是『廉貞化忌、天相、文昌化科居陷、擎羊、左輔、火星』。非常特別的遷移宮。這種遷移宮本來會有傷殘現象，或運程或流年走到有傷殘現象。這個遷移宮表示說會頭腦不清、有精神疾病、兔唇、發育不全等現象，並且有『刑印』格局，會受欺侮。陷落的『文昌化科』是很有方法的粗俗醜陋。所以他有一對大鼻孔。並成為標誌。有『火星』跟天相一起，會與黑道接近。『擎羊』是對自己的刑剋，同時也會做一些不好的事情。有了這樣的遷移宮，其人會常常頭腦不清。平常要多小心的過日子都不夠了，但仍會常常犯錯，做出很醜陋的事情，名譽掃地。就像2003年癸未年的光碟事件，加上黑道的恐嚇與地下錢莊的利滾利。目前他66歲，大運又正走這遷移宮。債務變成2.4億，雖然他仍有演出，但最終還是人亡債爛吧！

通常人本命財不多，卻又想發財的人，往往就會搞一個大窟窿掉進去。一發不可收拾。所以他的人生黑洞，在他的環境財窮影響到腦子想做壞事，自己搬石頭砸自己的腳，以及大運走到『刑印』的運程，又給了機會讓黑道欺侮，自己害自己，也害到妻子兒女。

澎恰恰　命盤

僕役宮 巨門 祿存 55 - 64　癸巳	遷移宮 廉貞化忌 天相 文昌化科 左輔 火星 65 - 74　甲午	疾厄宮 天梁 天空 乙未	財帛宮 七殺 文曲 右弼 <身宮>　丙申
官祿宮 貪狼 陀羅 45 - 54　壬辰	陽男 土五局		子女宮 天同化祿 丁酉
田宅宮 太陰 地劫 35 - 44　辛卯			夫妻宮 武曲 戊戌
福德宮 紫微 天府 鈴星 25 - 34　庚寅	父母宮 天機化權 15 - 24　辛丑	命　宮 破軍 5 - 14　庚子	兄弟宮 太陽 己亥

(三)、偏財多的人生破洞

藝人豬哥亮的八字：

丙戌
己亥
甲寅　日主
甲戌

這是藝人豬哥亮的命格。他的日主是『甲寅』。『甲寅』是碩果品彙之木，是一種高級的果木，必須有人持刀看守方可。故應用庚金做用神。忌刑沖。

在此命格中，是甲木生亥月，亥宮是甲木長生之地，又是壬水臨官都很旺。干上有丙火、一甲出干，甲己相合化土，支上寅戌兩會火局，又有寅亥六合為木局。一片木火旺之勢。丙見亥為貴人。十月甲木取用神以庚、丁為正用。他的命格可看成假炎上格，仍以火為用神。因為八字中少『庚』，不在八字明面上，所以他會表面強勢但內心懦弱。在他的命格中，甲木的正財是己土，只有一個。戊土偏財有三個，所以是偏財重的人。偏財多，老婆多。也生性好賭。

豬哥亮　命盤

田宅宮 太陽 祿存 33 - 42　癸巳	官祿宮 破軍 擎羊 43 - 52　甲午	僕役宮 天機化權 53 - 62　乙未	遷移宮 紫微 天府 63 - 72　丙申
福德宮 武曲 陀羅 23 - 32　壬辰	陽男		疾厄宮 太陰 地劫 丁酉
父母宮 天同化祿 13 - 22　辛卯	木三局		財帛宮 貪狼 <身宮>　戊戌
命宮 七殺 文曲 左輔 3 - 13　庚寅	兄弟宮 天梁 鈴星 天空 辛丑	夫妻宮 廉貞化忌 天相 文昌化科 右弼 庚子	子女宮 巨門 火星 己亥

豬哥亮生於高雄左營，父親為菜販，生意興隆。自小便有搞笑才藝。14歲那年，離開左營尋找自己的舞台，加入了『新劇團』。

豬哥亮31**歲**（**癸運**）**時**，有人找豬哥亮演戲（當時藝名游東榮），豬哥亮爽快答應，參加演出劇碼《廖添丁》。擔任劇中丑角『豬哥亮』而一鳴驚人，便以此作為藝名。並且三十一歲的豬哥亮因代替費貞綾站上藍寶石大歌廳的舞臺，正式出道。第一個主持搭檔是比他早出道的康弘，後也搭配余天、黃西田等一起演出，這樣的主持風格『笑果』十足，在短劇中的表現也相當詼諧逗趣，因此一炮而紅。至此豬哥亮以『馬桶蓋』髮型（西北髮廊老闆的設計）稱霸南台灣。

1980**年代**（45**歲甲運**），他的藝名『豬哥亮』在秀場上與張菲、邢峰齊名，並稱『南豬、北張、中邢峰』。

豬哥亮全盛時期相當輝煌，作秀日薪高達新臺幣十萬元。當時高雄四十坪的透天厝一棟只要新臺幣五萬元，豬哥亮一日的酬勞就可買兩棟。

1988**年戊辰年**（42**歲甲運**）10月8日，豬哥亮在藍寶石大歌廳後方遭槍擊。

豬哥亮沉迷於大家樂、六合彩，他曾經贏過彩金新台幣1.4億元。這一點有點讓人存疑，因為在豬哥亮的八字中雖有3個偏財，但在八字大運中，並沒有戊運這個偏財運運程。所以中獎之說令人存疑。但沒得過獎又如何沉迷若此？也是一個羅生門。勝景不常，最後依然大輸而積欠大筆賭債。

1993年癸酉年（47歲甲運）因此跑路。1997年丁丑年（51歲乙運）曾短暫復出，1999年己卯年（53歲乙運）再度離開演藝圈，沈潛十年。

2009年己丑年（63歲丙運）2月19日至4月22日，豬哥亮被《蘋果日報》發現的消息震撼演藝圈。許多演藝圈朋友幫助其重返演藝圈。四月，豬哥亮已經為燦坤3C拍攝好一支全新電視廣告，由范可欽製作，代言費為新台幣200萬。並拍攝影片在電視上播放，謝謝大家的鼓勵，自稱離開的時間是『出國深造』。

復出後，豬哥亮得到許多節目邀約，賺錢不少。

2010年庚寅年（64歲丙運）豬哥亮以民視綜藝節目《豬哥會社》榮獲第45屆金鐘獎綜藝節目主持人獎。

2014年甲午年（68歲丙運尾）5月30日，豬哥亮證實自己罹患大腸癌第二期。

2017年丁酉年（71歲丁運）5月15日，豬哥亮因大腸癌末期病逝。

我們可以看到在豬哥亮的運程中，甲運在跑路不佳。遇水也不佳。只丙丁運好，但最後也消亡在丁運。

豬哥亮的紫微命格是『七殺、文曲、左輔』坐命寅宮的人。在命格中，財福二宮為『武貪格』偏財運格。這會在23歲到32歲中間會發的。

所以他在31歲時參加劇碼，演出『豬哥亮』一角。這就是偏財運幫助他發跡。

但是『武貪格』多半發在事業上，少發在中樂透上。除非你有『火武貪』或『鈴武貪』雙重暴發運格。才可能有機會。

在他的夫妻宮是『廉貞化忌、天相、文昌化科、右弼』。對宮相照的官祿宮又是『破軍、擎羊』。這樣的夫、官二宮有二個格局，分別是『刑囚夾印』帶化忌，與窮的格局。破軍與對宮文昌相遇為『窮』的格局。代表：他和他三任老婆與一個同居人都是糊里糊塗的在一起的。而且老婆都較窮，但是聽話，會幫他做事。其實這種幫忙是愈幫愈窮的，對他更不好的。

這種『刑囚夾印』帶化忌的夫妻宮，也代表他內心的懦弱與扭曲想法，是有些病態和傷殘現象的。他會一廂情願的相信自己會中大獎爆發。而實際上，最大的爆發運一生只有一次。如果中過了，便不會再發了。他欠的賭債其實也無人瞭解到底有多少。

在他出國深造的跑路歲月中，其實就是剛好遇到官祿宮『破軍、擎羊』的大運，和僕役宮『天機化權居陷』的大運。這兩個運程很糟，所以無法振作。但總有女人會陪他度過難關。

63歲走『紫府運』時，被記者發現，又重回演藝圈。

七殺坐命的人本就容易得大腸癌。他的疾厄宮是『太陰、地劫』，有天空及地劫在父、疾二宮者，則易得癌症。他的八字中木火旺，也是容易得癌症的。

第三節　兄弟宮的人生黑洞

有關兄弟宮的人生黑洞是『兄、疾、田』這一組宮位中有煞星而形成的。當然不止使你的兄弟關係不好，它也會影響到你的健康和家裡聚集的財富。有關兄弟宮的黑洞，其實在命理上很容易就看出來。從八字上來看，就是『劫財』太多。從紫微命理上來看，就是兄弟宮不佳，主星陷落，或有羊、陀、火鈴、劫空、化忌在宮中。基本上，不但兄弟關係不好，他還對你有剋害。而且會長時間讓你被這種家族關係所控制，使你的名譽與錢財都大受損失。

在命理上，一開始就把『兄弟』定義為『劫財』，是一點也沒錯的。兄弟是一同享受父母膝下的資源。多生一個兄弟，資源就多一人分享了，所以兄弟是『劫財』。在命理上只有一個『劫財』是好的，打虎親兄弟，大家好照應。但『劫財太多』，有兩個以上，就會禍亂成災了。

(一)、兄弟槍殺的問題

像 2015 年美福集團兄弟鬩牆，在內湖的總部突然傳出槍響，老四黃明德槍殺二哥黃明煌、三哥黃明仁，再自戕墜樓。消息一出震驚社會，也成為黃家人最痛的回憶。

從命理上看，二哥黃明煌、三哥黃明仁的兄弟宮必有凶星，或有羊陀、火鈴、化忌、劫空等凶星。或有『武殺羊』、『廉破羊』在流月、流日上。其兄弟宮是他們兩個人的『人生黑洞』。而老四黃明德的兄弟宮『人生黑洞』更大。而且這一生是他憤憤不平的仇恨因子。最後用與石俱焚的方式來結束這一世的兄弟關係。令人唏噓不已！

(二)、兄弟劫財的問題

歌星張學友的八字：

辛丑
乙未
日主 甲辰
辛未

這是歌星張學友的命格。日主『甲辰』生於未月。『甲辰』是生長在濕地水旁之松木。喜丙火、庚金做用神，就能發達。水土是忌神。在此命格中，有雙辛和乙木劫星出干，支上『丑未相沖』。所以小時家境不好。支上有兩次『辰未夾巳』，暗藏兩個『丑巳會金局』，因此八字中金重，用未中丁火做用神。在他的八字中有3個正財，1個偏財在62歲的大運中會發。就在近期了，今年2022年他61歲。大約64歲乙巳年會有一生最大一次的爆發運。**在他的命格中還有4個劫財**。因此會有兄弟欠債讓他來幫忙還債的事情。另外他也要小心投資失利的問題。

正所謂『人比人，氣死人。』張學友的命格有爆發運，但兄弟卻處處運氣不如他。

哥哥張學智曾於1990年代初期欠下巨額賭債，在張學友替其數次償還賭債後，他離家出走，傳聞兄弟關係亦產生裂痕，但近年已重歸於好。可是不宜太近。因為兄弟的成功發財，會讓另一個財富較少的兄弟身心都螫得痛。

在2008年（戊子年）金融海嘯中，張學友因受不住銀行的游說，直接入股投資雷曼兄弟，而非外間傳聞購買迷你債券和累計認購期權（Accumulator），結果損失非常慘重，有傳他共損失高達4000萬港元，迫使他再度復出娛樂圈。這證明了水土年對他不佳。

發跡年歲

1984 年甲子年（23 歲）走天機居廟運，獲得十八區業餘歌唱大賽冠軍。寶麗金唱片公司簽約成其旗下歌手，並於同時發行首張唱片《Smile》，在香港銷量高達 20 萬張，達到四白金。

1987 年丁卯年（26 歲）走天府運，雖然成功於紅館舉行了一連六場的演唱會

1988 年戊辰年（27 歲）走『太陰落陷、天空』運，推出的唱片《昨夜夢魂中》銷量只得幾千張，歌曲流行榜成績不盡人意，並染上酗酒的惡習，甚至於在電影拍攝的片場亦可以看到他沉迷於酒精，媒體亦多次傳出不利於他的負面新聞。龍年不利。

1989 年己巳年（28 歲），這年他有『火貪格』爆發運，他重新在事業上開始振作，當年他推出兩張受歡迎的大碟《給我親愛的》及《祇願一生愛一人》，唱片不僅贏得市場認同，並獲得業內的好評，令他成功重返香港樂壇一線歌手行列。

1991 年辛未年（30 歲），張學友開始在香港、廣州、上海、北京、美國以及加拿大等地舉行巡迴演唱會。

張學友的巔峰時期

1993年癸酉年（33歲）他推出個人第五張國語唱片《吻別》，在臺灣、中國大陸、新加坡以及其他海外市場大熱，亦打破多個地方的唱片歷史最高銷量，400多萬的銷售記錄。令張學友得到「歌神」的封號。

1995年乙亥年（35歲），為慶祝入行十周年，張學友連續於世界各地進行了100場次的巡迴演唱會，遍及世界各地主要城市。

1996年丙子年（36歲）的音樂劇雪狼湖，認定了他封王的稱號，在1996年度《十大勁歌金曲頒獎典禮》上，奪得《最受歡迎男歌星》。

2001年辛巳年（40歲），僅僅出道15年多，已被頒發香港電台十大中文金曲最高榮譽「金針獎」

2002年壬午年（41歲）張學友舉辦了《張學友音樂之旅Live演唱會》，一連超過50場的世界巡迴演唱會。

2005年乙酉年（44歲）在臺北市小巨蛋上演音樂劇《雪狼湖》時因感冒而失聲。

2006年丙戌年（45歲），張學友發現其家中菲律賓籍女傭人偷竊事件。

通常命格中兄弟宮不好，劫財多，其實相對的僕役宮也要小心，即使僕役宮是好的，但是要小心較親密一起生活的人，例如傭人、乾弟弟、乾妹妹、乾親戚、或感情較親的兄弟朋友，以防暗地剋害。

2012 年壬辰年（51 歲），十大中文金曲大會特別設立了一個「三十五周年榮譽大獎」以嘉許他為歷屆獲得最多金曲的歌手。

2016 年丙申年（55 歲），張學友舉行《A CLASSIC TOUR 學友・經典》巡迴演唱會。

2019 年戊戌年（57 歲），張學友演唱的電影《倩女幽魂 II：人間道》主題曲，由已故音樂人黃霑作詞作曲，因歌詞暗喻六四事件，遭 Apple Music 在內的中國大陸境內主流音樂網站全面下架。

目前張學友是 UMG（環球音樂）的股東之一，亦是環球音樂亞太區（中國內地、香港及台灣）的老闆之一。將自己的經理人合約交於當時的寶麗金唱片公司（今環球唱片）團隊長期打理。

張學友是 CreatorMark Limited I music 的企業總裁，該音樂公司旗下擁有 iMusic Workshop 錄音室以及音樂製作公司 Ioi limited。

張學友 的命格

遷移宮 廉貞 貪狼 鈴星 63 - 72 癸巳	疾厄宮 巨門化祿 右弼 地劫 53 - 62 甲午	財帛宮 天相 43 -52 乙未	子女宮 天同 天梁 陀羅 左輔 33 - 42 丙申
僕役宮 太陰 天空 73 - 82 壬辰	陰男		夫妻宮 武曲 七殺 23 - 32 丁酉
官祿宮 天府 文昌化忌 辛卯	木三局		兄弟宮 太陽化權 擎羊 火星 13 - 22 戊戌
田宅宮 庚寅	福德宮 紫微 破軍 <身宮> 辛丑	父母宮 天機 64 - 73 庚子	命宮 文曲化科 3 - 12 己亥

張學友的紫微命格是『文曲化科居旺』坐命亥宮的人。對宮遷移宮是『廉貞、貪狼、火星』相照。他的遷移宮就是一個爆發格。所以只要外出跑跑，就有意外的好運。本命文曲化科居旺就代表很會唱歌表演，有演藝方面的才藝。大多數有名的演藝人員都有此『文曲星』在命、財、官、遷等命格中。他還有化科，就是特別會唱歌演戲了。在他的六親關係中，最差的就是兄弟宮了。兄弟宮是『太陽化權居陷、擎羊、火星』，表示兄弟關係不佳，兄弟成就不好還會強勢凶狠、火爆的剋害他。所以他會多次幫哥哥還多筆大額賭債。他的人生黑洞就是『兄、疾、田』這一組宮位，和與兄弟宮對照的僕役宮是『太陰陷落、天空』的宮位。不過他老婆的兄弟宮還算不錯，而且其人性格節儉小氣，能幫忙守財吧！

(三)、比肩多兄弟不和，及父母宮的黑洞

最近奧斯卡頒獎典禮上發生威爾・史密斯（Will Smith）歐人事件。不滿主持人克里斯洛克（Chris Rock）對妻子潔達蘋姬（Jada Pinkett Smith）的外觀開玩笑，憤而上台賞他巴掌。從威爾・史密斯的命格中，其時很容易看出他們相處的狀況不是那麼的好。但外國人善於裝友善，其實他並瞧不起這些兄弟朋友的。所以54歲了，也還可在大庭廣眾前呼人巴掌。幸虧丹佐・華盛頓提醒他：『到達人生的最

高點，必須要小心，因為正是惡魔找上你的時候。』

威爾・史密斯的八字是：

戊申
辛酉
日主 戊戌
丙辰

這是威爾・史密斯的命格。日主『戊戌』生於酉月。『戊戌』為魁罡演武之山。必須要有劫刃，使之得權，再有刃煞、財星、食神彼此相制相扶，可有富貴。在他的八字中，本命就很凶悍，再加上比肩戊土多，有4個比肩。所以兄弟的糾紛也多。打架之事是層出不窮的。

威爾・史密斯的紫微命格是『廉貞、貪狼化祿、祿存』，還移宮是『左輔』。這代表他外在的環境會幫助他的性格更有時強悍，有時保守，有時裝作好人緣。當然**他的兄弟宮是『太陰化權居陷、陀羅居廟』**，表示說他的兄弟姐妹都比他窮，比他笨，但性格還是很強勢的，會很情緒化，不好對付。他的僕役宮是『太陽居陷』，表示他喜歡和性格悶的男性來往。他的朋友大多成就沒他高。其實最糟糕

威爾・史密斯　命盤

命宮 廉貞 貪狼化祿 祿存 5 - 14 丁巳	父母宮 巨門 文昌 擎羊 火星 15 - 24 戊午	福德宮 天相 天空 25 - 34 己未	田宅宮 天同 天梁 文曲 35 - 44 庚申
兄弟宮 太陰化權 陀羅 丙辰	陽男 土五局		官祿宮 武曲 七殺 45 - 54 辛酉
夫妻宮 天府 地劫 右弼化科 乙卯			僕役宮 太陽 55 - 64 壬戌
子女宮 鈴星 甲寅	財帛宮 紫微 破軍 <身> 乙丑	疾厄宮 天機化忌 甲子	遷移宮 左輔 65 - 74 癸亥

的是**他的父母宮，是『巨門、文昌陷落、擎羊、火星』**，他與母親的關係較好。

在威爾史密斯的回憶錄《Will》裡，回想起小時候因為爸爸長期酗酒，還曾在他面前毆打媽媽，讓他留下了童年陰影，他透露在9歲那年，曾目睹爸爸喝酒後對著媽媽一陣爆打，直到媽媽倒在地上吐血，讓他有了『只要我長得夠大、夠強壯、不再是個懦夫的時候，我就要殺了他』的想法。

他的疾厄宮是『天機化忌』。父疾二宮都不好。老年要小心肝癌、大腸癌、胰臟癌等疾病。在他的命格中，『父子僕』及『兄疾田』兩組宮位都不佳，其實有一半的命盤不好了，雖然現在名氣、財富都有，但健康仍是堪憂的。他的人生黑洞在父母、兄弟、朋友的六親之中。

第四節　朋友宮的人生黑洞

當朋友宮有人生黑洞時，就是『父、子、僕』這一組宮位有煞星進入，這會影響到你的人際關係，做事業工作得不到好幫手，這樣事業會做不大。同時，再六親關係中，父母輩對你的慈愛也會減少，長輩關係會不佳，青年剛出社會時碰不到好老闆、好上司。人生的起步會有些困難。另外在晚輩方面也會關係不佳。例如與子女的關係不佳，或支配下屬工作不順利等等。

僕役宮不佳的人，常被朋友陷害，或遭朋友排擠。由其當你做了管理階層的人，你會用不到好的部屬。或手下做事拖拖拉拉、陽奉陰違。也些僕役宮不佳的人也會被朋友或屬下誣告或興訟，或借錢不還。更嚴重的是，僕役宮不佳也會讓人丟怯性命。例如：

(一)、朋友宮不佳，沒有貴人而喪命

麥克・傑克森命格

這是美國流行音樂歌手，常被尊稱為「流行樂之王」（King of Pop）麥克・傑克森，他的紫微命格是『七殺』坐命寅宮的人。此命格的人很執拗，喜歡不斷演練及排演。當時他正為復出演唱會《This Is It》做準備。身心俱疲，無法入睡。於是找了私人醫生康拉德・莫里為他注射藥劑。

2009年（己丑年）6月25日（庚午月辛丑日），因在相隔過短時間內注射丙泊酚、苯二氮平類藥物中毒，導致心臟驟停，並因搶救無效與世長辭。洛杉磯法醫裁定這是一宗刑事殺人案件，私人醫生康拉德・莫里2011年11月7日因過失致死罪被判處4年徒刑。麥克的八字中有5個比肩，及一個劫財，可見他真是沒

有好的朋友運與貴人運了。

麥克・傑克森　命盤

田宅宮 太陽 地劫 天空 祿存 32 - 41　丁巳	官祿宮 破軍 擎羊 42 - 51　戊午	僕役宮 天機化忌 火星 己未	遷移宮 紫微 天府 庚申
福德宮 武曲 陀羅 文昌 右弼化科 22 - 31　丙辰	陽男		疾厄宮 太陰化權 鈴星 73 - 82　辛酉
父母宮 天同 12 - 23　乙卯	水二局		財帛宮 貪狼化祿 文曲 左輔 83 - 92　壬戌
命　宮 七殺 2 － 11　甲寅 <身宮>	兄弟宮 天梁 乙丑	夫妻宮 廉貞 天相 甲子	子女宮 巨門 癸亥

麥克・傑克森的僕役宮是『天機化忌居陷、火星』，表示說他的朋友或屬下都是有怪怪小聰明，又脾氣急躁的人。會做事嫌煩，偶而露臉一下。這位醫生雖在他家長期駐診，但脾氣急躁，也許覺得你要打針就幫你打，很可能稍有過量，但又不在旁守候，等到發現時，人已經失去呼吸很久了。

同時，麥克・傑克森自己的運氣也很不好。2009年的流年他走天梁運，當年的外面是『天機化忌居陷』，表示外面無貴人，都是無用的小人。此時須小心。流月是『太陽、地劫、天空、祿存』，是『祿逢沖破』。流日是『破軍、擎羊』。都在不好的時間點上。因此那醫生坐牢也是應該的。

桃花轉運術

法雲居士⊙著

桃花運是人際關係中的潤滑劑，在每個人身上多少都帶有一點。這是『正常的人緣桃花』。

但是，桃花運分為『吉善桃花』、『愛情色慾桃花』、『淫惡桃花』。亦有『桃花劫』、『桃花煞』、『桃花耗』等等。桃花劫煞會剋害人的性命，或妨礙人的前途、事業。因此，那些是好桃花、那些是壞桃花，要怎麼看？怎麼預防？或如何利用桃花運來轉運、增強自己的成功運、事業運、婚姻運？

法雲老師利用多年的紫微命理經驗來告訴你『桃花轉運術』的方法，讓你一讀就通，轉運成功。

如何用偏財運來理財致富

法雲居士⊙著

偏財運會創造人生的奇蹟，

偏財運也會為人生帶來財富，

但『暴起暴落』始終是人生中的夢魘。

如何讓暴發的財富永遠留在你的身邊，

如何用一次接一次的偏財運增高
你的人生格局？

這本『如何用偏財運來理財致富』
就明確的提供了

發財的方法和用偏財運來理財致富
的訣竅，讓你永不後悔，
痛快的過你的人生！

第五章　夫妻宮的『紫微破洞』——『感情問題』

在紫微斗數中的夫妻宮，其中最深的涵意，就代表著人生的感情問題。『感情』在我們的人生中其實佔有很大的份量與位置。我們常因感情的喜怒哀樂來決定人生的方向。所以夫妻宮所代表的感晴問題是人生極其眾要的部份。

俗語常說：世上幾大憾事，也算是慘事，就是：『幼年失怙、青年無愛、中年失偶、老年喪子。』這幾樣都跟感情有關。但是不一樣的『愛』。『幼年失怙』，是失去父母的慈愛。『青年無愛』，是缺乏男女之間的情愛。『中年失偶』，是失去終身相互依靠的伴侶，這種『愛』是家人與愛情昇華的愛。『老年喪子』的愛，是父母對子女的慈愛。

其實紫微斗數的『夫妻宮』所包含的意義已將所有的感情問題，包括上述的各種『愛』的內涵都已囊括包括在內了。

倘若只談婚姻問題的話，我常說：世上只有三分之一的人是婚姻關係好的。

其餘三分之二的人都易離婚或關係不完美，這和能得到暴發運的人的比例是相同的。可見能找到對的那一半也是非常幸運的。

其實我們也發覺人的命格在出生的那一煞那就決定了。而人的感情模式和婚姻運也決定了。這好像人一出生就決定有些人婚姻幸福，有些人婚姻不幸福一樣。這讓人常常不能接受，而心生排斥。

例如：命格中有『天府星』的人，其夫妻宮都有『破軍星』。『破軍』是耗星，容易產生破耗。例如『紫府坐命』、『廉府坐命』及『武府坐命』者的夫妻宮都是『破軍』。例如單星『天府』坐命卯、酉宮的人，夫妻宮是『紫微、破軍』。單星『天府』坐命丑、未宮的人，夫妻宮是『武曲、破軍』。單星『天府』坐命卯、酉宮的人，夫妻宮是『紫微、破軍』。單星『天府』坐命巳、亥宮的人，夫妻宮是『廉貞、破軍』。當然，每一種夫妻宮都有些不一樣。

有『破軍』在夫妻宮，就代表著你的思想和常人不一樣。你的思想迴路有特殊的模式與轉折。例如：不按牌理出牌，或對某些人的行為模式寬容度大，你喜歡有新鮮感的人等等。所以你容易找到和你本身的性格與價值觀不相同的人來戀愛和做朋友，或做夫妻。最後還是因為個性不合而分開。你不在乎他以前的戀愛或婚姻紀錄，只重視當下的快樂戀愛時光。

有『紫微、破軍』在夫妻宮的人，就代表著你的想法和常人不一樣。你雖然仍然喜歡外表體面、有貴氣、長相好看的人，但對於他的出格行為你頗能容忍。你也不在乎他有很多次的戀情及婚姻，或不在乎自己是不是他的唯一所愛，只覺得自己是挑到最好的情人。若有『擎羊』同宮時，你挑剔的很，防範厲害，但仍選上心懷不軌的情人或配偶。有『陀羅』同宮時，你暗自挑剔和防範，會找到笨的情人和配偶。要小心家暴問題。

有『武曲、破軍』在夫妻宮的人，就代表著你的想法和常人不一樣。其實你自己本身很保守，卻大膽的愛上自己選中的戀人。他可能性格剛直、衝動，財利也不豐，但保守的你自己工作安穩，所以大膽放手去愛一回。最後也可能因價值觀不同而分手。有『陀羅』同宮時，會找到又笨、又窮的、品行不佳的爛配偶和情人。有『火、鈴』同宮時，會找到與黑道有關的情人和配偶。你的配偶或情人脾氣暴躁，要小心家暴問題。

有『廉貞、破軍』在夫妻宮，就代表著你的想和常人大不同。你是善於籌略謀劃的人。你的膽子大，也敢大刀闊斧的幹大事。你不在乎戀人或配偶的外表和過去，只要有能力和你一起打拼就好。但要注意對方的金錢觀和大運好壞，否則，自己的財物與家庭都會被拖累。有『擎羊』同宮時，會找到內心不良，會陷害刑剋你的情人和配偶，小心被殺害。有『火、鈴』同宮時，會找到與黑道有關的情人和配偶。你的配偶或情人脾氣暴躁，要小心家暴問題。

並不是只有夫妻宮有『破軍』的人會離婚，更有許多壞的形式的夫妻宮容易分手。

夫妻宮有『擎羊』的『紫微破洞』

夫妻宮有『擎羊』的人，也不一定會離婚。表示他們內心有很多計謀，善於攻心計。他們對感情很執著、堅持，會要求配偶要按照自己的方式生活或行事。彼此容易有磨擦。

夫妻宮有『擎羊』的人，常是過於小心謹慎的人，常常一件小事要思考很久，才能行動。也會很在意別人的感觀。左也不是，右也不是，非常小家子氣。但有些事情非常堅持。例如跟他切身有關的，或是屬於他的，例如他所疼愛的家人或小孩或工作、物品，是不容別人染指的。『擎羊』在夫妻宮的人，感情細膩，對人也察顏觀色很細膩，會辨別對方的臉色而說話行事。這種人當然也煩腦多了睡眠品質不是很好。擔心的事很多，煩惱無止境。**如果夫妻宮的『擎羊』居廟的話**，他會常因煩惱達到極限，或因對方跟自己關係並不熟而強悍的斷捨離，或切除關係。有時也會殺人或被殺。他們是脾氣和態度很硬的。**如果夫妻宮的『擎羊』居陷的話**，此人會有點儒弱，願意忍受對方的無理要求，他會陰險的陽奉陰違，此人也容易不小心殺人或被殺。更易被感情糾纏不清。

夫妻宮有『陀羅』的『紫微破洞』

比有『擎羊』的人離婚率更低。因為有拖拖拉拉的習慣。夫妻宮有『陀羅』時，代表你本身的內在思想模式是慢的，有些拖拖拉拉的。遇到棘手之事也常有原地打轉、不想處理的狀況。你總是想很多，愈想愈煩，乾脆丟到一旁，暫時不與理會，等到東窗事發再硬著頭皮應對。

當夫妻宮的『陀羅』居旺時，在辰、戌、丑、未宮，你有時會採用強硬的手法處理事情。想凶暴蠻橫一下。好壞都是解決，想快速了事。但結果不一定能如人願。你有可能錯估當時的狀況，而遭受更大的災害。有時也可能暫時成功，成功率在百分之一、二。夫妻宮的『陀羅』居旺時，你會找到比你笨的情人和配偶，他的頭顱圓圓大大的，做事慢吞吞，常讓你跳腳。因為你的命宮有『擎羊』，你會特別挑剔、難侍候，又挑食，或有一些壞習慣。你的情人和配偶通常很有耐心。當『陀羅』居旺時，他只偶而回嘴或反擊一下。

在寅、申、巳、亥宮居陷時，你本身心理有黑暗思想，常會產生僥倖和陰險的想法。處理事情經常會陰對方一下，或說對方的壞話。但常搞錯對象，害自己得不償失。當夫妻宮的『陀羅』居陷時，你的情人或配偶個子較矮小、瘦弱，笨而不靈活，但有很多陰招，並不一定真的信服你。

夫妻宮有『化忌』的『紫微破洞』

夫妻宮有『化忌』的人，表示你自己本身心情容易不好，想東想西的，很古怪。同時你也很容易找到脾氣古怪的情人或配偶。當然，相處會有些困難，但也不一定會離婚。除非還有羊、陀或劫空等星，就容易不婚或離婚了。

夫妻宮有『太陽化忌』的人，是甲年生的人。『太陽化忌居旺』時，你本身對工作及男性有古怪想法，並不十分認真。有時很積極努力，有時卻放手不管。工作和感情常起起伏伏不定。如果你是女性，則會找到脾氣古怪的情人和配偶，格格不入的過生活。如果你是男性，你會在工作場所十分不順，朋友少，你會特別討厭男人婆的女性。你性情陰柔，會找陰柔的女性交往。當夫妻宮的『太陽化忌』居陷時，你的內心較深沉黑暗，對工作不積極，常無業。對男性有畏懼、不和。也易不婚。如果娶到陰柔的女子，還能繼續婚姻生活。娶到陽剛的女子，便會離婚。若是女子，則易不婚或離婚。

夫妻宮有『太陰化忌』的人，是乙年或庚年生的人。表示你本身有感情和錢財上的煩惱和折磨。戀愛不順，也會感覺遲鈍，對人冷淡，心情常不好，計算能力差。太陰居旺時，糊塗的狀況還不嚴重。太陰居陷時，錢財常拮据與頭腦不清。在婚姻上會陰感情不順而失婚或離婚。有些人會遁入空門，做尼姑或和尚，或修女、神父。

夫妻宮有『廉貞化忌』的人，是丙年生的人，表示你自己有奇怪的思想，會找到有黑道背景或品行不良的情人或配偶。或對方有傷殘狀況。你容易有不好的桃花。有『廉貞化忌、天相、擎羊』的『刑囚夾印』格加『化忌』的格局時，你易因黑道配偶而喪命。

夫妻宮有『巨門化忌』的人，是丁年生的人。你是表面聰明，而內在頭腦不清，內心是非糾纏不完，身心不清境的人。你會找到行為與言行都不良的配偶與情人。有擎羊同宮時，會因男女感情糾纏不清而喪命。

夫妻宮有『天機化忌』的人，是戊年生的人。表示你會常有段時間智商打結，感情與頭腦糊塗，過一陣子又好了。你容易找到賣弄小聰明又頭腦不好，行為不良，愚鈍的人為配偶。也會不婚。如果有『天空、地劫』同宮的人會不婚。有『擎羊』或『陀羅』同宮的人會被配偶所害。你也會離婚或不婚。

夫妻宮有『文曲化忌』的人，是己年生的人。表示你自身的口才和才藝不好。同時你也會找到口才和才藝和你一樣不佳，常說錯話、惹人厭的人做配偶。但是你不一定會離婚如果有羊、陀和『文曲化忌』同宮時，你和配偶會說惡毒的話，才易離婚。如果『文曲化忌』和『武貪』同宮時，你的暴發運(偏財運)會不發。

夫妻宮有『文昌化忌』的人，是辛年生的人。表示你自身對文書、算帳和契約要小心出錯。你也會找到大咧咧的、頭腦不是很聰明的，對文書契約不在行的配偶。當『文昌化忌』居旺時，你的配偶外表還斯文，看不出糊塗。當『文昌化忌』居陷時，你的配偶外表粗俗、較愚笨。有羊、陀同宮時，代表剋害的程度之深淺，但也不一定會離婚。

夫妻宮有『武曲化忌』的人，是壬年生的人。表示你自己內心就是算不好帳的人，理財能力不佳，會挖東牆補西牆。同時會找到一個理財能力不好，有會欠債的配偶，兩人一起為錢財煩惱。縱使如此，你也不一定會離婚，除非欠到很大的窟窿，收拾不了了，你才會離婚，以躲避債務。

夫妻宮有『貪狼化忌』的人，是癸年生的人。表示你本身保守，不擅於人際關係。內心也不相信有『好運』這種東西。你也會找到人際關係不佳、保守、內向、頑固、堅持己見的人做配偶。通常你不易結婚。但結婚後也不太會離婚。當『貪狼化忌』居旺時，你的配偶偶而有古怪的好運。但容易不成功。當『貪狼化忌』居陷時，你的配偶會品行不佳，會離婚或同居不婚。

夫妻宮有『天空』、『地劫』的『紫微破洞』

當夫妻宮只有一個『天空』時，表示你常內心有奇想，或有不著邊際的想法，或不實際的想法。有時候會特別聰明。例如寫詩詞有好的字句，或在數學、物理之理論上有新的發現。但在感情上常空茫無著。這對你真正的感情或愛情無礙，你只是有時候發個呆而已。若是有主星，有與羊、陀同宮，才會離婚、失婚，或遭剋害。

當夫妻宮只有一個『地劫』時，表示你常內心有奇特想法，或聽到什麼就會改變想法。你容易追求新鮮感的東西，不論是好是壞。你會在智商上特別高，對科技有興趣，不計代價，會追求高科技的東西。但在感情上你會來來回回的變化、反覆。這對你真正的愛情無礙，你會常停頓在某個時間點上。若是有化忌、羊、陀同宮，則會離婚或不婚。

當夫妻宮有『天空』、『地劫』一起同宮時，表示你是子時或午時生的人。此時的『天空、地劫』會在亥宮或巳宮。這表示你常內心茫然，不知所以。你會啥事也不做，只茫茫然的發呆。你也會不婚、或糊里糊塗的結了婚又離婚。你也易工作無著。若流年不佳而喪命。

夫妻宮有『左輔』、『右弼』的『紫微破洞』

當夫妻宮有『左輔』、『右弼』時，都表示你易二婚。

當夫妻宮只有一個『左輔』時，表示你在感情上易多生枝節，會有一個接一個的愛情出現。也會有因各種關係而形成的戀情。你是多情及感情易泛濫的人。你容易同時有兩個以上的情人。婚後也容易外遇。愛享齊人之福。但要看夫妻宮中有無煞星存在，才能得知你和情人或配偶分手時的吉凶。

當夫妻宮只有一個『右弼』時，表示你較保守，喜歡躲在家中，也喜歡性格保守、小鳥依人的人。你很戀舊，有多情，常把情人追到手後又放在家中，再找下一段感情。婚後常外遇。總是解決一段感情，又發展另一段感情。如果有煞星同宮，則分手不平靜，對你傷害較重。

當夫妻宮有『左輔、右弼』一起同宮時，你是農曆四月或十月生的人。表示這是雙倍的桃花問題。你在感情上會左右逢源，也會有左右手幫忙你製造很多的男女情愛問題。這一方面是好，一方面是壞。好的是『異性緣』很強。壞的是感情之事不須第三者幫忙，否則會一團亂，無法保有真愛。例如：夫妻宮有『武曲、貪狼、左輔、右弼』時，表示有人幫你，讓你的感情跟暴發運一起發。

暴發運結束時，感情及婚姻也結束了。

夫妻宮其他的『紫微破洞』

夫妻宮還有些星會造成人在感情或婚姻上的磕磕絆絆，形成『紫微破洞』。例如：夫妻宮有『貪狼』的人，會對情人或配偶不瞭解，及關心度不夠，而形成婚姻破口。長久之後會感情冷淡或怨恨而離婚。

又例如**夫妻宮有『巨門』的人**，表示自己的內心愛編很多故事。你的情人和配偶也是話多、是非多的人，容易是非糾纏不清。你自己本身也很耐磨，善於解決問題。所以會不厭其煩。你是命宮有『天梁星』的人。

夫妻宮有『七殺星』的人，表示你自己很愛打拼，也喜歡配偶是愛工作的人。你會堅持自己的生活方式，也要求配偶遵守同樣的生活方式。但也常會相互有磨擦，有不同意見。不過，只要彼此價值觀相同，生活上的磨擦就不會太大，而能平順相處了。

第六章 人際關係的『紫微破洞』（包括家人、老闆、員工）

在紫微命理中，關係到『人際關係』的宮位非常多。幾乎十二個宮位全都掌控你的某些生活上必須接觸的人際關係。例如：

1.『命、財、官』

命宮的星曜關係到你出生時的狀況，也關係到你的個性，是溫和？是火爆，是深私熟慮的？是莽撞的？是慢半拍的？是急躁不安的？是沉靜穩定的？命宮會顯示出你與外界溝通交流的方式與管道，以及接收外界資訊的狀況是否夠強。命宮直接顯示你面對外界關係平和的接受度，或抵制的想法態度。

財帛宮的星曜關係到你本命錢財上的寬裕，以及內心優柔從容的程度。命格財多的人，內心容易滿足，對人也不會苛剋。反之，命格中財少的人，會斤斤計較，吝嗇刻薄，對所有的人際關係冷淡。

官祿宮的星曜關係到你從讀書學習時代，到出社會工作時所遇到的人際狀況，你如何應對這些狀況。這些狀況當然也影響到你的學習能力，與未來的成就與功業大小。

2.『夫、遷、福』

夫妻宮的星曜不但關係到你與配偶相處的關係，同時也代表你內心深層的感情意識。因此夫妻宮好的人，你內心較安詳，對人寬容，不計較人的是非，人際關係一流。夫妻宮多凶星的人，常與人有是非，爭執。不但自己的配偶運不好，也會造成周遭親人與朋友的關係惡劣。

遷移宮的星曜關係到你出生時的狀況。也關係到你外出讀書、出門、工作，以及一切在家裡、在外面所遇到的世界。以及一輩子的時間從出生到死亡之間，所有環境中的人際關係都包括在內。

福德宮的星曜關係到你一生到死時的幸福或辛苦的狀況。當然也包括與家人的關係好壞。以及與外界環境中是否給你賺錢多少的機緣。財多的，享福多，身心愉快，一生無憂無慮，幸福快樂多，性格也平順安祥，壽命長。如果有煞星多的，表示自己也會想得多，計算多，精神多煎熬，睡眠也不好，易有精神疾病，或日夜操勞辛苦。更會有家人或親朋、或工作上的人際關係讓你頭疼。

3.『兄、疾、田』

兄弟宮的星曜不但關係到你與兄弟姐妹相處的關係，同時也代表你與平輩間相處的關係。不但是屬於家裡的，連外面的平輩也包括在內。甚至是隨便走在路上的平輩之人都包括在內。兄弟宮好的人，打虎親兄弟，大家不分你我一同打拼，很容易事業成功。兄弟宮不佳的，有煞星在兄弟宮，或是空宮，對宮有廉貪相照。你的兄弟像是敵軍派來臥底的，處處不和。縱然耐著性子在一起講話，最終仍是不歡而散。你要小心平輩的同性總是扯你後腿。異性關係有時也能遇到一、兩個好的。兄弟宮講的是兄弟，姐妹常不包括在內。如果你的兄弟宮不好，有姐妹也性格較男性化的，也會和你不和。

疾厄宮的星曜關係到你的家族病史。也關係到你自祖先以來對你的照撫。它和長輩緣有關。因為它和父母宮相照，所以它是更深層的、更上層的長輩關係。所以當疾厄宮有吉星時，非常健康，身體強壯，壽命長，有祖先保佑。當疾厄宮多凶星時，病痛不停，壽命短，不但會生病，和長輩的關係也緣淺。

4.『父、子、僕』

父母宮的星曜不但關係到你與父母、祖父母相處的關係，同時也代表你出社會時與老闆上司的相處關係。它代表你的長輩運。所謂『長輩運』，是比你年紀大的人稱長輩，哪怕大一天或一小時，都是大。他們都會照顧你。還有一種『天梁居旺』運也是一種長輩運。也會在你遇到困難時，對你伸出援手。

子女宮的星曜關係到你與子女、晚輩相處的關係。同時它也會關係到你會不會結婚，或婚姻幸不幸福？很多不喜歡生小孩，及沒有子女的人，也會不婚。因為婚姻會衍生出很多的人際關係，不婚就會在這方面減少了。子女宮好的人，很會照顧晚輩，因此開公司的人能找到很好的人手、屬下來幫忙工作。子女宮不佳的人，會對晚輩苛刻及不瞭解，做上司的人很難馭下。常遇屬下臨時跳槽，或屬下頂嘴反抗。或屬下叫不動的現象。子女宮也跟田宅宮相照相對應，子女宮不佳，縱然田宅宮是好的，也存錢不易，或儲蓄也少。

僕役宮的星曜關係到你的平輩朋友與屬下工作人員的關係好壞。僕役宮就是朋友宮，它既代表平輩關係，又代表你可支配的屬下的關係。僕役宮和兄弟宮相對照，所以它也代表親如兄弟的朋友關係。如果兄弟宮不佳，而僕役宮好的人，你會在外廣結善緣交很多好朋友，但跟自家兄弟少來往。如果兄弟宮很好，僕役宮不佳的人，你會非常保守，只跟自家兄弟玩與來往，對朋友關係冷淡，也不相信他們。

(例一)父母宮的『紫微破洞』

張國榮的八字

丙申
丁酉
日主　壬午
己酉

這是影星張國榮的命格。日主『壬午』。『壬午』是『祿馬同鄉』、『水火既濟』。日主『壬午』的命局中，只要觀看日主前後的干支，以論定要補火或補水，使命局調配均勻，就是富貴上品格局，若調配不勻，就是貧賤下等格局。

在張國榮的命局中，日主『壬午』生於八月（酉月），為『金白水清』。支上申酉，都是金。為『獨水三犯庚辛』，為『體全之象』。以金為體，以水為用神。干上有丙丁出干都是財星。所以他18歲出道可大紅大紫。張國榮一生很希望得到媽媽的寵愛，但母親始終很冷淡。我們若由他的紫微命盤看，父母宮是『武曲，貪狼、文昌化科、文曲』，疾厄宮是『鈴星』，看起來很好呀！父母是武貪格，又是鈴貪格，是雙爆發運格。財多呀！但**張國榮本身是『天同化科、太陰』坐命子宮的人**，本身心裡很柔弱，類似林黛玉的性格，而父母的個性很強勢勇猛，並不喜歡這種娘娘腔的小孩，也絲毫不會哄這種小孩。所以張國榮從小就常常心靈受打擊，長大了，成名了，還是一樣。他一直還是想得到父母的誇讚。但父母卻一直是剛直、不鹹不淡的和他相處著。我們若由八字就可看出月支和日支有『午酉相破』的刑剋。所以他這一生是很難得到媽媽的呵護和誇獎了。1997年（丁丑年）在跨越97演唱會上公開感謝母親和唐鶴德，表示母親和唐先生是摯愛的親人和朋友。

張國榮排行第十，所以又被稱為「十仔」。他小時候一直和父母分開住，由於父母親感情不合，因此關心和照顧他生活的只有家裡的傭人六姐。13歲的張國榮被家人送往英國升讀中學，後於英國高級程度會考英語科取得A級成績，其後考入英國列斯大學攻讀紡織系，副修英國文學，成績優異，並領取獎學金。他唸大

張國榮　命盤

僕役宮 紫微 七殺 祿存 55 - 64　癸巳	遷移宮 擎羊 65 - 74 <身宮>　甲午	疾厄宮 鈴星 乙未	財帛宮 地劫 丙申
官祿宮 天機化權 天梁 陀羅 45 - 54　壬辰	陽男		子女宮 廉貞化忌 破軍 丁酉
田宅宮 天相 右弼 34 - 44　辛卯	土五局		夫妻宮 貪狼 火星 戊戌
福德宮 太陽 巨門 天空 25 - 34　庚寅	父母宮 武曲 貪狼 文昌化科 文曲 15 - 24　辛丑	命宮 天同化祿 太陰 5 - 14　庚子	兄弟宮 天府 左輔 火星 己亥

學一年級時因父親中風而輟學。後在威靈頓英文中學（高街分校）插班入讀。

張國榮參加1977年（丁巳年）麗的電視（亞洲電視前身）舉辦的亞洲業餘歌手大賽出道，1983年（癸亥年），推出第粵語唱片《風繼續吹》而嶄露頭角，同名主打歌成為家喻戶曉的經典金曲。1984年(乙丑年)，收錄於唱片《Leslie》中的主打歌《Monica》一曲發行，從此紅透全香港。巔峰時期(1985-1990)得獎無數。

張國榮有很強的『武鈴貪』雙爆發運，並且在大運15至24歲之間爆發。所以他在這個大運中一定會出名與事業成功的。之後每逢丑年、未年他都會有爆發運，但不會像青少年時發得那麼大。不過會推波助瀾的幫他把事業推上顛峰。

有關同性戀的部分：

張國榮對於自己性取向的看法：

『就是說，我不在意對方是異性還是同性。兩種我都可以愛。可以說我的容許範圍比較廣，只要我喜歡，同性異性都可以。為什麼只能愛一種就不能愛另一種呢？應該允許戀愛的 space 更寬廣一些嘛。』

事實上，會發生同性戀傾向的人，多半是命格屬水的人。如太陰、破軍、巨門、天同坐命的人。因為他們柔情似水，情多泛濫，無法自制。而且這些命格的人，多半是老婆的位置。

1982 年（壬戌年）12 月 9 日，張國榮於香港麗晶酒店重逢唐鶴德，對其一見鍾情，展開一段長達 20 年的感情。其實他們從小是玩伴。多年不見。

這兩人八字上是合的

唐鶴德的八字是：

己亥

丙寅

日主 戊午

己未

唐鶴德的日主是『戊午』。『戊午』為火山。非常炎熱燥烈，一定要用水來制火。在他的命格中，有一丙兩己出干，支上寅午會火局，亥未會木局。支上木火旺，更增土實。缺水嚴重，用亥中壬水做用神。在他的命格中，有丙無癸、甲在干上的人，稱為『春旱』。一生多遇危厄，勞而無功。唐鶴德的紫微命格是『破軍、擎羊、地劫』坐命午宮。對宮是『廉相』。因此有『廉相羊』刑印格局。表面看他的命格很兇，其實他常受欺負。性格很悶，跟張國榮的命格寒涼有灰色思想有些類似，所以二人會走到一起相互安慰。唐的父母宮是『陷落的天機化忌』，

唐鶴德　命格

<table>
<tr><td>兄弟宮
太陽 祿存
丁巳</td><td>命　宮
破軍 擎羊 地劫
6 - 15　戊午</td><td>父母宮
天機化忌
16 - 25　己未</td><td>福德宮
紫微 天府 火星
26 - 35　庚申
<身宮></td></tr>
<tr><td>夫妻宮
武曲 陀羅 天空
丙辰</td><td colspan="2" rowspan="2">陰男
火六局</td><td>田宅宮
太陰化權
36 -45　辛酉</td></tr>
<tr><td>子女宮
天同 文昌 左輔
乙卯</td><td>官祿宮
貪狼化祿 鈴星
46 -55　壬戌</td></tr>
<tr><td>財帛宮
七殺
甲寅</td><td>疾厄宮
天梁
76 - 85　乙丑</td><td>遷移宮
廉貞 天相
66 - 75　甲子</td><td>僕役宮
巨門 文曲 右弼化科
56 - 65　癸亥</td></tr>
</table>

※此命格生辰在立春之後，故八字算己年，紫微算戊年。

從小與父母緣淺，也受到不好的照顧，與張國榮的幼年遭遇是一樣的。同病相憐。

張國榮的八字中金水旺，中年以後又走金水運，命格寒涼，剛好有唐鶴德的火土來制禦寒涼的金水。而張國榮的金水也能幫唐鶴德的命格制火土。兩個人是相互需要的。所以一拍就合。

張國榮的憂鬱症問題，可從他的紫微命盤中看出。他的福德宮是『太陽、巨門、天空』，其財帛宮是『地劫』。所以他是不在乎錢財的人。有天空和地劫相照或同宮的人，易有精神疾病。而這個問題在25歲至34歲的大運就開始了。還有一件離奇的事，在張國榮的八字中，若有甲木在干上，就是壬水『徹底澄清』，主富貴高官之命。但他四柱無甲木出干。

2003年4月1日18時43分，張國榮從香港文華東方酒店24樓跳下自殺身亡。他死亡的時間標的正是『癸未、乙卯、甲辰、癸酉』，天干正是甲乙木，地支是未卯木局與辰酉的金局相對抗。所以他死後的名聲更旺。

張國榮和唐鶴德的人生黑洞都源自於幼年家庭不幸福，也可說是源自於父母的問題。唉！這真是個無解的難題啊！

(例二)父母和健康的『紫微破洞』

梅艷芳的八字是：

癸卯
壬戌
日主 丙戌
辛卯

這是影歌雙棲的梅艷芳的命格。其日主是『丙戌』。『丙戌』是日入地網。戌宮為地網宮，亦是墓宮。太陽入地網宮極為困頓無光。白日所生的人，必須四柱支上有寅午，夜生人要有亥子，才會有成就。在此命格中，丙火生戌月，九月戌宮為火墓庫，有如太陽落入地平線支下，只稍微露出一點光芒。戌宮是燥土，會洩丙火之氣，丙火不旺而旱燥，易為離鄉奔波之命。干上有壬癸出干，支上卯戌火旺，又有『戌戌相刑』。因此四十歲就消亡了。他的命格是要用壬水輔映太陽光（丙火），使之發出燦爛光輝，並以壬水做用神。

梅艷芳的年月干是癸壬水，是日主的官星。所以她在小時候就開始工作賺錢。

她出身寒微，父親早逝。梅艷芳四歲半時已與胞姊梅愛芳出來演唱。梅艷芳少年時期歷經坎坷，姐妹兩人表演常遭白眼和欺侮，時常需抵受寒冷天氣和挨餓。

1982 年，18 歲的梅艷芳參加無第一屆新秀歌唱比賽脫穎而出，唱徐小鳳名曲〈風的季節〉摘下新秀冠軍，正式踏上演藝界，

她的事業巔峰期是 1985 年 1 月，唱片《似水流年》推出。1986 年她推出唱片《壞女孩》，內容充滿爭議，甚至一度被禁播，但唱片在香港銷量紀錄創下累計 72 萬張。同年底 12 月在紅磡香港體育館舉辦首次個人演唱會。

1985 年至 1989 年，她奠定巨星地位。在十大勁歌金曲頒獎典禮連續 5 屆奪得最受歡迎女歌星，在 1989 年度奪得叱吒樂壇女歌手金獎，被譽為「樂壇女王」。

1990 年，梅艷芳更榮登韓國最受歡迎外語女歌手 5 甲，歌曲亦打入韓國主要流行榜，成為亞洲天后。

在電影方面：1987 年憑主演的《胭脂扣》同時獲得台灣金馬獎、香港電影金像獎最佳女主角殊榮。之後得獎無數。1990 年，梅艷芳舉辦 30 場「百變梅艷芳夏日耀光華演唱會」後宣佈不再領取任何音樂方面的獎項，宣布退出樂壇，消息哄動整個華人社會。她將發展重心轉移至影壇及慈善事業 1990 年代初梅參演的電影《東方三俠》、《審死官》和《逃學威龍 3 之龍過雞年》都是賣座之作。1998 年度十大中文金曲頒獎典禮獲得「香港樂壇最高榮譽大獎——金針獎」

梅艷芳　命格

<table>
<tr>
<td>兄弟宮
天梁
丁巳</td>
<td>命宮
七殺
6 - 15　戊午</td>
<td>父母宮
文昌
文曲
16 - 25　己未</td>
<td>福德宮
廉貞
天空
26 - 35　庚申</td>
</tr>
<tr>
<td>夫妻宮
紫微
天相
丙辰</td>
<td colspan="2" rowspan="2">陰女
火六局</td>
<td>田宅宮
36 -45　辛酉</td>
</tr>
<tr>
<td>子女宮
天機
巨門化權
右弼
乙卯</td>
<td>官祿宮
破軍化祿
壬戌</td>
</tr>
<tr>
<td>財帛宮
貪狼化忌
地劫
甲寅</td>
<td>疾厄宮
太陽
太陰化科
擎羊
鈴星
乙丑</td>
<td>遷移宮
武曲
天府
祿存
火星
甲子</td>
<td>僕役宮
天同
左輔
陀羅
癸亥</td>
</tr>
</table>

梅艷芳的紫微命格是『七殺』坐命午宮的人。她的遷移宮是『武曲、天府、祿存、火星』。這個命格跟美國歌星麥克・傑克森很像。都是七殺坐命午宮的人。性格很堅忍不拔，自己很努力打拼，但與父母親人不合。這主要是她的家人都是窮命的人，能力不足，又唯錢是圖。

她的父母宮是『文昌居平、文曲』是桃花格局，也本是空宮。相照的是『太陽陷落、太陰化科居廟、擎羊、鈴星』，所以父親早逝。『太陰化科居廟』表示媽媽很有方法的當家，把她們小孩送去賺錢唱歌，有『擎羊、鈴星』表示這種親情與母親對待她們的方法是剋害她們，對她們不好的。**她的最大人生黑洞就在於此**。

因為疾厄宮就是『太陽陷落、太陰化科居廟、擎羊、鈴星』，她本就有家族癌症史，在2003年9月向外宣佈證實罹患子宮頸癌。在命理上，『太陰、擎羊』就代表乳房及生殖系統器官的癌症。『太陽、擎羊』代表大腸經的病變，包括了肺部病症。『鈴星』是古怪發炎的病症。所以她最後是肺部的併發症而過世的。

梅艷芳的人際關係

艷芳的兄弟宮是『天梁陷落』，表示兄弟成就較差。要受她照顧。她的僕役宮是『天同、陀羅、左輔』，她的朋友都對她很好。她對待朋友的方式是溫和世故，會有點笨的方式，但是更平和、慢慢的付出。她的子女宮是『天機、巨門化權、右弼』。子女宮代表該人對晚輩的態度與相處狀態。『機巨居旺廟』代表高知識性的知識傳承。而且有『巨門化權、右弼』，表示有一種幫助及輔助力量，讓她對晚輩非常有說服力。

她在樂壇廣收徒弟，包括草蜢、許志安、何韻詩、譚耀文和彭敬慈，而蘇永康、梁漢文和陳奕迅等後輩亦曾受到她的提攜，李蕙敏在 2001 年更獲賞識而成為其唱片公司 Mui Music 的旗下藝人。

梅艷芳的感情世界

梅艷芳的夫妻宮是『紫微，天相』，看起來非常好。但為何不婚呢？這是因為八字中，日主『丙戌』，代表配偶之未的是『戌』。『戌』中有戊、丁、辛。都不是日主丙火的喜用。相反的它還會覆蓋丙火，使丙火更悶。『戌』中含用有食神、劫財、正財。女人八字中要有 2 個以上的正官，就會結婚。而她只有一個正官癸水在年干上，其它就要看大運是否會逢到了。而她在 11 歲幼年逢正官運，太小不可能結婚。其餘就是甲、乙、丙運了，因此機緣有些欠缺。況且月支和日支『戌戌相刑』。她的姻緣與生命都給刑剋掉了。

夫妻宮有『紫微，天相』，表示她的 EQ 非常高。她對人平和有禮、器度大方。

情緒很穩定，願意為人服務。而且她對配偶的選擇標準很高。因為相照的官祿宮中是『破軍化祿』，表示這是一種極度擴張的消耗戰。她的工作太忙，以致身體過於勞累而得病。另一方面無時間找到或培養她所想望的愛情。我想她早已心有所屬，只是那人已另有配偶，於是她只有在遺憾和尋覓中過活。堅持抱病舉行演唱會，並穿上劉培基設計的婚紗，完成了「嫁給舞台」的心願。

第七章 從『八字』看『人生破洞』

人世間每個人會有每個人的大大小小的『人生破洞』。從八字來看『人生破洞』，其實就是從我們的出生日期在黃道的座標來看我們的人生所會遇到的黑洞之不吉。

『八字』就是人出生的時間落在地球公轉于太陽的軌道，稱之於『黃道』上的某一個點。此點的十字標，就是我們出生的『八字』。中國人以干支標明，又稱『四柱』。以『八字』之四柱之間相互的刑剋關係，就可以看出『人生黑洞』之所在了。通常我們看親屬堅的刑剋關係，與大運在的刑剋黑洞，都以四柱天干與地之相刑為主要關鍵所在。

我們先要瞭解八字五刑相剋的原理，才能找出你的『人生黑洞』。

第一節　八字五行相剋的原理

八字五行相剋的原理

八字中五行相剋的原理中，有數種方式。分別是干衝破、支衝破、干刑支、支刑干、支支相刑等。

所謂『衝破』：即是其氣相對沖、不和。衝氣為輕，破氣為重。

干衝破：**甲庚衝破**。(甲向庚為衝，庚向甲為破。庚強甲弱。)

乙辛衝破(辛強乙弱)。
丙壬衝破(壬強丙弱)。
丁癸衝破(癸強丁弱)。
戊壬衝破(戊強壬弱)。
甲戊衝破(甲強戊弱)。
乙巳衝破(巳強乙弱)。

以上都是因本身相剋之故。

支衝破：**子午衝破**。**丑未衝破**。
寅申衝破。**卯酉衝破**。
辰戌衝破。**巳亥衝破**。
這些衝破之嚴重性會達到性命喪亡的程度。

干刑支：**庚寅**(庚刑寅)。**丙申**(丙刑申)。
甲辰(甲刑辰)。**丁酉**(丁刑酉)。
癸巳(癸刑巳)。**甲戌**(甲刑戌)。
壬午(壬刑午)。**己亥**(己刑亥)。
乙未(乙刑未)。**乙丑**(乙刑丑)。

支刑干：**甲申**(申刑甲)。**己卯**(卯刑己)。
乙酉(酉刑乙)。**庚午**(午刑庚)。
丙子(子刑丙)。**壬辰**(辰刑壬)。**壬戌**(戌刑壬)。
丁亥(亥刑丁)。**癸巳**(巳刑癸)。**癸未**(未刑癸)。
戊寅(寅刑戊)。

※表示強過它為『刑』。

支支相刑：子卯刑。　卯子刑。
丑戌刑。　戌未刑。　未丑刑。
寅巳刑。　巳申刑。　申寅刑。
辰辰自刑。　午午自刑。
酉酉自刑。　亥亥自刑。

十二辰論六害：
六害：戌與酉害。　亥與申害。　子與未害。
丑與午害。　寅與巳害。　卯與辰害。

※這種『害』，有殺人、傷人的『惡毒』。其人八字中有此格局，會不愛其親人及任何人，冷血，一怒而殺之。

相害意者：

『巳與申合』：表示兒子有反逆行為。
辰酉合：表示外面有奸夫、奸婦，會殺本夫火本妻之現象。
丑未相害：表示會父子不和，會相互剋害。
未子相害：表示上司因財害下屬之象。凶中有吉。
子丑合：有想引外敵害自家長官。自己及家臣有逃亡之現象。
申亥相害，亥與寅合，寅衝於申，申與巳合，巳衝於亥，都是『父子相害』的現象。

第二節　四柱相刑的『人生黑洞』

四柱相刑的『人生黑洞』

(例一)、『丑戌相刑』的例子

八字是：

	乙丑
	丙戌
日主	辛丑
	己丑

此人日主是辛丑。但年支與月支『丑戌相刑』。此為支支相刑。而月支與日支『戌丑相刑』。因此他在二十歲與四十歲左右各有一次生死劫難。車禍昏迷數日後，未死痊癒。此人二十歲就背井離鄉，與原生家庭分離。八十九歲大運有逢

『丑戌相刑』而壽終。所以『丑戌相刑』就是他最大的『人生黑洞』。因未他的本命是『辛金』。己土是濕土，能生辛金，古他在走丑運時還算平順有救。『戌』是火土、乾土，對辛金不利，故在走戌運時，命較不保。

(例二)、『巳亥相衝』的例子

八字是：

壬辰
辛亥
癸巳　日主
乙卯

此人的日主是癸巳。生於亥月。月支與日支有『亥巳相衝』。此為『支支相刑』。在命理上有『父子相害』之義。此人與父親不和、爭產。四十歲後也事業不順，後無工作。日主『癸巳』，也是巳刑癸。日支為配偶之位，故為配偶刑他。配偶會凶他。沒有配偶也不行，因為八字中一點財全在『巳』中。癸水的財是火。『巳』中有丙火，是癸水的正財。所以他人生最大的黑洞就是從四十歲開始的『亥巳相衝』的運程開始。五、六十歲還稍有財，但六十歲以後便不吉，會很辛苦。

第三節　從八字看事業上的『人生黑洞』

由八字看事業上的『人生黑洞』

(例一)、『寅巳相刑』的例子

八字是：

癸巳
甲寅
日主　乙巳
壬午

此為藝人阿Ｂ鍾鎮濤的八字。日主『乙巳』為倒插花瓶中的花。必須有庚金來穩固它。還有財官來相助，才會有大成就。日主乙木本是柔弱之木，旁有甲木出干，乙木靠甲木而增強，故此命格實有甲木之質，更須『用庚金劈甲引丁』，形成貴格。但巳中的庚金是虛浮的，無法用，故其人性格溫和懦弱。

此命格中有兩重『寅巳相刑』。年月支的『寅巳相刑』代表出身家窮，不富裕。第二重『寅巳相刑』，代表自己與配偶和父母不合。也代表會有事業失敗的問題。

阿B在2002年49歲宣佈破產。在2006年破產截止。

阿B的日主是『乙巳』，『巳』為配偶之位，可以說他的八字就顯示『成也蕭何，敗也蕭何』。『巳』中有財官跟傷官。章小蕙的八字剛好是『癸卯、戊午、甲申』。日主是甲申，阿B是乙木，『藤羅繫甲』的格局，他當然會聽她的，大量投資的結果，一遇金融風暴便撐不住了。阿B的第二任妻子范姜素真的八字是『乙巳、己卯、庚辰』，她和阿B是『乙庚相合』。所以性格相投，願意扶助阿B東山再起，並幫忙還債。可說是阿B真好命了。很少人能在49歲，半百之年還能遇此好命的。多半會貧窮潦倒死掉。

(例二)、『子戌相刑』的例子

八字是：

乙卯
戊子
日主　庚戌
丁亥

這是「老虎」．伍茲（Eldrick "Tiger" Woods），美國高爾夫球手，在高球史上紀錄是自 1997 年登上世界排名第一以來，他在位週數超過 650 週。

「老虎」．伍茲的父親 Earl Woods 是越戰老兵兼非裔美國人。母親是泰國移民。像這種血統複雜的人，多半會為天梁坐命的人。而他就是『天梁化權坐命』丑宮的人。

在「老虎」．伍茲的命格中有『子卯相刑』和『子戌相刑』。也有『卯戌相合化火』、『子戌亥』為西北方水多。但有戊土出干治水。伍茲在兩歲時就懂得打高爾夫球，被譽為天才兒童。他曾拿下六次少年組世界冠軍，1988 年到 1991 年連續四年奪冠。他小的時候便開始賺錢。年干支乙卯是他的正財。二十歲之前他走的是官運，得獎不少。1996 年 8 月正式成為職業高爾夫球手。在《福布斯》公佈的全球運動員收入排行榜，伍茲以年收入 6390 萬美元，排名第 11 名。在大滿貫賽事錦標表現中：英國公開賽有三次。美國公開賽有三次。PGA 錦標賽有四次。美國大師賽有五次。

但在 2009 年 11 月，伍茲(34 歲)在奧蘭多附近的家酒駕並有車禍，他開車撞上樹籬。之後爆發性醜聞。在 12 月伍茲稱自己將無限期離開職業高爾夫球。在 2010 年治療性癮並復出。但成績不如理想。這是『子戌相刑』的結果。2019 年 4 月(44 歲)在睽違 14 年之後，他再次拿下了美國名人賽冠軍。

「老虎」‧伍茲年輕時走的是丁運、丙運、乙運，甲運，都是官運和財運。49 歲之後走癸運、壬運、辛運等金水運程，這些是傷官及劫財運。就無法再有意氣風發的日子了。

第四節　從八字看感情及婚姻上的『人生黑洞』

由八字看事感情及婚姻上的『人生黑洞』

在八字上，一切是由日主(右起第三柱天干為日主)來決定整幅八字的親屬關係與吉凶的。例如：日支為配偶之位。日干支的吉凶就代表著你感情上的順利與否，或會不會離婚。當然，『會不會離婚』，也不是一定的。有的刑剋不厲害的，厲如乙丑、乙未、壬午等，或一方較能忍耐的，也未必會離婚。僻如說日支中的含用帶有日主的財星，對日主有利，就不一定會離婚。只是怕他而已。就像我的父親的日主是『乙丑』，紫微的夫妻宮是『天府』。我母親的日主是『壬午』，紫微的夫妻宮是『紫微』。他們一生都感情不錯。只是母親較兇，家裡都由她做主。父親只是做個甩手掌櫃，很能容忍。我從小看他們吵架，時時擔心他們會離婚。但母親過世後，我常陪父親聊天，才知道其實他們感情很好很深，這真讓我訝異！所以婚姻及感情問題，最好由八字日主與紫微的夫妻宮同參為好。

容易有婚姻及感情問題的日主干支

干刑支：庚寅（庚刑寅）。　丙申（丙刑申）。

甲辰（甲刑辰）。　丁酉（丁刑酉）。

癸巳（癸刑巳）。　甲戌（甲刑戌）。

壬午（壬刑午）。　己亥（己刑亥）。

乙未（乙刑未）。　乙丑（乙刑丑）。

支刑干：甲申（申刑甲）。　己卯（卯刑己）。

乙酉（酉刑乙）。　庚午（午刑庚）。

丙子（子刑丙）。　壬辰（辰刑壬）。　壬戌（戌刑壬）。

丁亥（亥刑丁）。　癸巳（巳刑癸）。　癸未（未刑癸）。

戊寅（寅刑戊）。

表示強過它為『刑』。

較嚴重有感情及婚姻問題的日主有：

庚寅、丙申、丁酉、癸巳、甲戌、壬午、甲申、己卯、乙酉、庚午、丙子、壬辰、壬戌、丁亥、癸巳、癸未、戊寅。

(例一)、『甲申相刑』的例子

八字是：

	癸卯
	戊午
日主	甲申
	庚午

這是阿B的前妻章小蕙的命格。日主『甲申』，是最毒猛的日主，不但會離婚，也會有性命之憂。甲申是庚金剋甲。這也代表其人內心較反覆，在感情上三心兩意。容易見異思遷。1997年與富商陳曜旻爆出不倫戀，陳曜旻最後也淪落到破產收場。她在34歲辛運時金剋木時離婚。現在是60歲走甲運。還好之前癸運時

得到父親的遺產。否則這個甲運也沒那麼好過。

也容易遇生命的劫數，一命嗚呼。她在 1997 年與富商外遇曝光，與阿 B 離婚，當時 34 歲，正走辛酉運。正是刑剋她的運程，自作聰明，操盤失敗，把阿 B 的前都敗光後，想另找靠山及吃飯的頭家，與富商陳曜旻爆出不倫戀，陳曜旻最後也淪落到破產收場。結果遭輿論的撻伐。現今她已 60 歲。不過在她的八字中有 2 個偏財，在 60 歲的大運中還有一次機會翻身，希望她別再貪心了。她的紫微命格是『天同、太陰化科、祿存』。但有貪狼化忌，本不該發的，但有阿 B 助她發了，一發就破產了。這次她若再發，可能就不是破產這麼簡單，都讓別人破產，這次她恐怕要賠上自己性命了！因為金木對決的結果是會喪命的。

(例二)、『乙未相刑』的例子

布萊德・彼特的八字是：

	癸卯
	甲子
日主	乙未
	辛巳

布萊德・彼特　命盤

夫妻宮 天府 文昌 26 - 35 <身宮> 丁巳	兄弟宮 天同 太陰化科 天空 16 - 25 戊甲	命　宮 武曲 貪狼化忌 6 - 15 己未	父母宮 太陽 巨門化權 庚申
子女宮 地劫 36 - 45 丙辰	陰男		福德宮 天相 文曲 辛酉
財帛宮 廉貞 破軍化祿 鈴星 46 - 55 乙卯	火六局		田宅宮 天機 天梁 壬戌
疾厄宮 火星 左輔 56 - 65 甲寅	遷移宮 擎羊 66 - 75 乙丑	僕役宮 祿存 右弼 26 - 85 甲子	官祿宮 紫微 七殺 陀羅 癸亥

這是美國影星布萊德・彼特的命格。他的日主是『乙未』。『乙未』為花架藤蘿之植物。若有甲木及支上卯未會木局做支架，能有不凡的富貴。在他的命格中，有甲木出干，支上卯未會木局，是『藤蘿繫甲』格局，會有貴人來幫忙他成名，得到大富貴。他的命格是：乙木生子月，天氣寒凍，又有『藤蘿繫甲』格局，與甲木一般，須用丁火做用神，乙甲木引丁主貴。但他的丁火在『未』中。配偶是對他有利的。所以她最好也像阿Ｂ一樣找個日主庚金的老婆，就較不易離婚了。

他的日主『乙未』，『未』為配偶之位，乙木通根到未，未是木墓。也是好的。但月支『子』和日支『未』，『子未相穿』，日支和時支『巳未相刑』。所以布萊德和裘莉是相愛容易，相處難。現今他59歲，八字大運正在『子未相穿』上，故婚姻也不長久。他和裘莉爭小孩的撫養權，可能也爭不到。因為『巳未相刑』。

布萊德・彼特的紫微命格是『武曲、貪狼化忌』坐命未宮的人。其遷移宮是『擎羊』獨坐丑宮。他的夫妻宮是『天府、文昌』，表示配偶有錢又很漂亮、有氣質。他的身宮也落在夫妻宮，表示他很注重感情，凡事以感情衡量下決定。如果不講情面，他就很生氣不妥協。我看他跟裘莉的爭小孩和分產的官司會輸得很慘。因為他的子女宮是『地劫』，是沒有子女的命。

日主『乙未』也在『干支相刑』之列。日主『乙未』為花架上藤蘿之植物，需要有木來做支架，能有不凡的富貴。這些他都有。干上有甲木能藤蘿繫甲，支上有卯未會木局。有雙重支架。但支上『子未相穿』，和父母不合。巳未相刑，也和子女無緣。

彼特的日主『乙未』，配偶之位的『未』中有己（偏財）、丁（食神）、乙墓（比肩）。配偶還是對他有利的。因為有財。所以他紫微的夫妻宮是『天府』。看看的八字是『乙卯、』

安潔莉娜・裘莉的八字是：

乙卯
辛巳
日主 辛巳
壬辰

這是美國影星安潔莉娜・裘莉（Angelina Jolie Voight）**的命格**。其日主是『辛巳』。『辛巳』為石中璞玉。

具有水能使其清澈發出光芒，為『雨後吐彩』。命局要以干上透出壬癸水為上格，支中藏水為次等格局。即使丙辛相合化水也是好的。支上逢沖也為吉。

安潔莉娜・裘莉　命盤

<table>
<tr><td>官祿宮
廉貞
貪狼
46 - 55 辛巳</td><td>僕役宮
巨門
文昌
56 - 65 壬甲午</td><td>遷移宮
天相
左輔
右弼
天空
66 - 75 癸未</td><td>疾厄宮
天同
天梁化權
文曲
76 - 85 甲申</td></tr>
<tr><td>田宅宮
太陰化忌
擎羊
36 - 45 庚辰</td><td colspan="2" rowspan="2">陰女
火六局</td><td>財帛宮
武曲
七殺
<身宮> 乙酉</td></tr>
<tr><td>福德宮
天府
祿存
地劫
26 - 35 己卯</td><td>子女宮
太陽
丙戌</td></tr>
<tr><td>父母宮
天府
祿存
地劫
16 - 25 戊寅</td><td>命宮
紫微化科
破軍
火星
6 - 15 己丑</td><td>兄弟宮
天機化祿
戊子</td><td>夫妻宮
丁亥</td></tr>
</table>

在裘莉的命格中，辛金生巳月，夏月喜歡有水滋潤，制火潤土存金專用壬水為用神。四柱最好結金局，但她的命格中無金局，還好時干上有壬水，主異途顯達而富貴。32歲行偏財運大運，形勢大好。她的日主『辛巳』，『巳』為配偶之位，巳宮為庚金長生之地，不是辛金，所以配偶比她還硬。再加上月支與日支的『巳巳相刑』，她的婚姻也無法善合。目前她正走丙運，和她本命是『丙辛相合化水』，她正有用，故運氣正好。下個大運丁運時，她的辛金會受剋，要小心了。

裘莉的紫微命格是『紫微化科、破軍、火星』，遷移宮是『天相、左輔、右弼、天空』。她是表面體面、長相怪異，行為也怪異火爆，不按牌理出牌的人。她的身宮在財帛宮，是『武曲、七殺』，得辛苦賺錢。官祿宮是『廉貞、貪狼』，所以她不在乎演什麼僥色，只要片酬高就行。

她的父母宮不佳，是『陀羅、鈴星』，她長期與父親不合，34歲以後才緩和。父母也在她小時離異，因此沒得到什麼家庭溫暖。性格也更加怪異。

裘莉的夫妻宮是空宮，有『廉貞、貪狼』相照，她的配偶運是真的不好。而且她每天早上起床有起床氣，一般人真的很難跟她生活。雖然這樣的夫妻宮也代表自已和配偶的道德觀和品行不佳，但她自已也要負很多責任的。

安潔莉娜・裘莉曾與日裔美籍名模清水珍妮在電影《惡女幫》裡扮演同性戀

人，後真的相戀。隨後又多次婚姻。她和布萊德彼特熱戀七年，終於在2012年訂婚，2014年8月在法國完婚。2016年9月申請離婚，2019年4月離婚完成。她有6個小孩，親生的3個，父親都是布萊德・彼特。另外3個領養的。她的子女宮是『太陽居陷』，表示小孩多。田宅宮是『太陰化忌居陷、擎羊』，可見她雖然賺得多，也常捐獻，做慈善，所以存不住錢。終究還是會窮困的。她和布萊德彼特最終會糾結很久的。

(例三)、『子午相沖』的婚姻黑洞

夏光莉的八字：

戊戌
甲子
日主 甲子
庚午

這是藝人夏光莉的命格。日主『甲子』是水邊衰退之木。必須干透戊土，支有木庫根基，以丙火為用神，癸水藏支，品格可定。

此命格中，日主甲木生於子月，仲冬木性衰弱，有甲戌庚出干，支上有雙子（含癸），水多木泛，庚金來會生水，幸有戊土出干制水。支上午戌會火局。寒木必須有丙火在長生之位，命格之富貴才會大。故用『丙火』做用神。用丙火取暖制金。此命格本是品格很高的八字。水多有戊堵住，木寒有『午戌會火局』暖木。但土不夠多，火不夠旺。土是甲木的財星，只在年柱上『戊戌』中有戊土，是甲木的偏財。真正的正財在年支『午』中己土。50歲之前走的是庚辛壬癸和己土運，55歲走到偏財運大運了。65歲走到丁運，之後是丙運。老運不錯。

日主『甲子』的配偶之位是『子』，『子』中有癸水，雖是印星，但對她不利。所以要以財（戊土）制印。在她的命格中，有『子戌相刑』和『子午相沖』，所以和長輩的關係，及和兒女及晚輩無緣。

她的紫微命格是『天同、太陰化權、擎羊』，遷移宮是『右弼化科』。這表示她是一位有陰柔美麗，性格保守小心的人。一但被蛇咬，十年怕井繩。身宮又落於命宮，對自己的感覺、想法很堅定頑固。遷移宮的『右弼化科』，是很有方法的幫助她的想法跟決定。於是當有人對她催眠的時候，她也很快配合入睡。因位有這樣的命格，所以她一旦相信某人，便會堅定的相信自己的感覺。她的夫妻宮是『文昌居旺、陀羅居廟』。對宮相照的是『天機化忌居平、天梁居廟、文曲居陷』，表示她喜歡的人，或她的配偶是年紀比她大，外表還算斯文、粗壯、頭腦不清，有古怪聰明，才藝並不算好、不持久的人。同時也代表她的內心，好像會精明算帳，但有部分糊塗，喜歡拖拖拉拉，以致事情會愈發糾纏不清。

最近夏光莉在電視節目上屢爆自己被情人所騙。由她的命格看起來格局很高。應該並看不起年少就坐過牢的人。所以沒有正式結婚，而同居在一起三十年。她到55歲以後走戊運，目前走丁運，因為有火了才醒悟過來。在我算命生涯中，遇到好多個算外遇男性的命格。這些有好幾個外遇對象的男性，通常就是命裡財少，命理格局又差，他們交了一個女友，便以一起做生意為由，騙女性拿出錢財出資。這是通常的技倆。等到挖光這個坑，再另找另一個對象繼續挖。當然他們會同時培養幾個坑，或一起挖金礦。這種戀愛專業戶，會活到很老也繼續幹這種勾當。他們也不怕生孩子，生了就看誰養。他們永遠有很高的頭銜，像是某大集團的董事長、CEO總裁等。

同陰坐命的人喜歡享福、喜歡談戀愛。希望找一個愛人結婚當小女人。但想得太好，就要看運氣如何了。所幸現在已到了好運時間，好好守住剩餘的錢財，有工作就接，日子仍然可美美的過。

夏光莉　的命格

兄弟宮 天府 祿存 天空 地劫 16 - 25　丁巳	命　宮 天同 太陰化權 擎羊 6 - 15　戊午 <身宮>	父母宮 武曲 貪狼化祿 火星 己未	福德宮 太陽 巨門 庚申
夫妻宮 文昌 陀羅 26 - 35　丙辰	陽女	火六局	田宅宮 天相 鈴星 辛酉
子女宮 廉貞 破軍 36 - 45　乙卯			官祿宮 天機化忌 天梁 文曲 壬戌
財帛宮 左輔 46 - 55　甲寅	疾厄宮 56 - 65　乙丑	遷移宮 天梁化科 右弼 66 - 75　庚子	僕役宮 紫微 七殺 76 - 85　癸亥

第八章　從八字大運『五行相犯』看『人生黑洞』

在『五行』中有相生、相剋等現象。『五行相犯』也是『五行相剋』中的更嚴重的一種。『五行相犯』會因相犯、相侵的五行元素導致人的死亡。所以對人來說，這是對人的最大傷害。通常這種『五行相犯』，會發生在該人行運走到大運逢此相犯的五行之運程的時候。所以論命時，命理師也會以此做為該人壽元的預測點。

『五行相犯』既是如此凶險，那麼是否有解救之道？或緩解之法呢？

因為人命格中多半的『五行相犯』格局，其人並不知道。有些人常算命，問姻緣，問事業，但所找的算命師也不一定能通曉這些問題，所以行運遇到『五行相犯』時遇難，他人只是唉呀！感嘆一聲而已。只有自己的家人、親近的朋友很悲哀。

『五行相犯』的格局到底有沒有醫治之法呢？那當然是有的！但其人並不一定做得到。因為他必須長時間的來做，才會有效。所穿衣物用品的顏色（吉色、吉服）、納名（聲音的應對）、環境的選擇（吉方的選用、凶方的躲避）、食物的吉凶選擇應對，大運流年變化的注意，這種種的知識與運氣的結合，才能抵制『五行相犯』的格局凶險，也才能長壽。但是有很多人基於對家人的依戀，或不願改變環境。或不相信命運中有這檔事。即使知道自己有『相犯格局』，也不想改變生活方式，以致順應天命了。

犯金格局

『犯金格局』常和『犯水格局』一起論。但這是不一樣的。只有其原因是：命格中多金水，或同是生於秋冬時節的人較易犯之。但命格屬於『白虎格』或『潤下格』等格局的人，喜用神必為金水的人是不屬於此狀況的，他們反而怕木火。

『犯金格局』的人，遇到屬金的大運或年份容易遇到的災難有：交通事故、車禍、空難、船難或溺水、或投水而亡。當然也會有心肌梗塞，或腦溢血，或淋巴癌等病症的發生或亡故的。『犯金格局』的人也會在屬金的運程和流年中遇到要做手術，或被招牌、石頭、重物、槍砲子彈打到，或被牛畜動物的角牴到，或遭動物踢傷，也有遭機車撞傷、刮傷等的災禍，也會有自殺、被殺等狀況。所以這些狀況都要小心。

2020 年庚子年和 2021 年辛丑年，有很多人殞落了。有些是因為 covid-19 疫情的關係，這當然也包括在『犯金』的格局之中。2020 年中第一件『犯金』的案例，就是NBA傳奇球星布萊恩・寇比(Kobe Bryant)因搭乘私人直升機墜毀意外身亡的例子。

(例一)、『犯金格局』的例子

寇比八字是：

戊午
庚申
丁巳　日主
癸卯

布萊恩・寇比的日主是丁巳。『丁巳』是星星之火。晴天接觸一點日光便可以燎原。若逢陰雨日，便怎麼也無法點燃。所以日主『丁巳』的人逢木火運較好，逢金水、墓庫運運皆不吉。他是逢甲子海中金的運程，加月支和日支『巳申相刑』遇難而亡。在寇比的八字中，庚金既是他的正財，對他有利，可賺很多錢。而且『庚申』為月柱，日主『丁火』剋庚金，相剋為財。代表20歲以後到40之間，可賺很多錢。但『丁火』是爐中之火，是小火，若是很大的金塊壓下，火也是會被壓滅的。像走道40歲的運程，又逢到『巳申相刑』。巳中的丙火（大火）會剋申中的庚金。大運又逢『海中金』，真是巨大的金塊砸下，這小火就小命不保而熄滅了。

(例二)、『水多犯金格局』的例子

八字是：

庚子
甲申
日主 壬申
戊申

此為藝人羅霈穎的八字。日主是『壬申』。『壬申』為『水滿渠程，生生不息。』申為壬水長生之地，故生生不息。壬申生於秋天，是最佳的時候，加上干上有庚助生水，富貴極大。但命格中有三個申，且有三個『子申會水局』，水太多、太大。幸時支上有戊土為制。一夫當關阻汪洋一片。本來她大運在戊運的尾端，還是可以生活的，但流年犯金，又不加小心，以致睡夢中過世。其人命格多水為患，可能把自己的喜用神搞錯了。改名霈穎，也是水土相剋不佳的名字。

(例三)、『犯金自殺格局』的例子

八字是：

庚午
庚辰
日主 庚子
丁亥

此為日本藝人三浦春馬的八字。日主是『庚子』。『庚子』為『倒掛懸吊在空中的鐘磬』，鐘裡面是空的，敲起來才會聲音響亮。適合坐於死絕之地上。命格中有『子未相穿』、或『子午相沖』，遇到受衝擊的運程，會有名聞巳海的聲譽。

三浦春馬的命格中有三個庚在天干上，支上子辰會水局。水局可清洗庚金，使之發亮。所以他適小有名氣的人。如果繼續努力必大有成就。但他30歲就自殺而亡。三浦的紫微命格是『天機』坐命巳宮，對宮是『太陰化忌、文昌』。所以他長期和母親不合。母親逼著他走演藝圈，他卻想種田。其實他非常想得到母親的愛哄，但母親就是不給他溫暖的愛語，這讓這個大男孩總在自己的感情中情傷。從他的八字中可看到三個庚，與水局，都是很冷的格局。這表示命格冷，也會心情冷酷、盪到底。也會凡事不起勁，不想做。這種人應該常常在暗自哭泣，內心得不到一絲溫暖。如果他的母親是個合格的母親，常常哄著他，安慰他，陪著他，他將來的成就會很大，也會賺很多錢。現在自殺了，全部落空。不知其母親會不會後悔呢？

在三浦的命格中也不是完全沒有火的。在時桿上有丁火出干，可剋庚金，得庚財。但在時干上，要到60歲以後才快樂。另一點火在年支午中有丁火，所以他十幾歲時是有一段快樂時光的。但是年支『午』和月支『辰』形成『午辰夾巳』，巳又和時支的亥，『巳亥相衝』。所以在三十歲的年紀選擇輕生。

三浦・春馬　命盤

命宮 天機 4 - 13　辛巳	父母宮 紫微　左輔 14 - 23　壬午	福德宮 陀羅 24 - 32　癸未	田宅宮 破軍　祿存　右弼 34 - 43　甲申
兄弟宮 七殺 庚辰	陽男 金四局		官祿宮 擎羊 乙酉
夫妻宮 太陽化祿　天梁　文曲 <身>　己卯			僕役宮 廉貞　天府　地劫 丙戌
子女宮 武曲化權　天相　鈴星 戊寅	財帛宮 天同化科　巨門 己丑	疾厄宮 貪狼　火星　天空 戊子	遷移宮 太陰化忌 丁亥

(例四)、『犯金格局』的例子

八字是：

庚子
己卯
丙辰　日主
甲午

這是藝人劉藍溪的命格。日主『丙辰』是日經天羅。辰宮為天羅宮，丙火為太陽。辰宮也為墓宮，太陽行於此，會有一些滯殆現象。不過倘若命格能中和能成為上格。在此命格中，丙火生卯月，陽氣漸盛，卯月為壬水病死之地，本來要以壬水做用神，並以庚金生之。但此命局中無壬水出干，而有已土和庚、甲出干，支上子辰會水局。算是水多，壬水對丙火來說是七殺偏官。故用已土做用神，能衣食充足。此命格中有『子卯相刑』和『卯辰相刑』、『子午相沖』等格局。也有『辰午夾巳』，『卯巳午』有三台之貴。因此在 1991 年丙運 31 歲出家，法號「道融」。2021 年辛丑年辛丑月癸亥日亡故。達賴喇嘛來台時，她曾為達賴喇嘛做翻譯。

犯水格局

『犯水格局』是命格中以『水』為忌神或命格水多，太涼寒，不堪再多金水泛濫，易如堤防破口，要淹大水，生命不保了。另外則是有特別相衝的格局，也是不能水多來『犯水』的。例如命格是『炎上格』的人。這要順其勢，必須用火為用神。此命格的人遇到金水年，則易生病、運氣不好，也易亡故。『稼穡格』的人，其用神為土，也怕遇水多會犯難。另外，命格火多無水，像乾鍋中有一滴水入內，便會爆開，如此的命格也會怕『犯水』。通常『犯水格局』發生時，容易生腦溢血、血管疾病，淋巴疾病，或體內水道疾病，如腎臟、膀胱、肺部、大腸等疾病。也會影響到脾胃等屬土的臟器。『犯水格局』也怕遇到溺水而亡、海嘯，船難、空難等。如颱風、土石流，海邊玩耍都要小心！

P.163

(例一)、『火多犯水格局』的例子

吉昂比八字是：

	甲寅
	癸酉
日主	甲戌
	庚午

這是傑瑞米．吉昂比（Jeremy Giambi）的命格。他曾在電影「魔球」故事中留名，是前美國職棒奧克蘭運動家外野手。他的日主是『甲戌』。『甲戌』是生長在土堆中的松杉之木。須厚土培植它，以雨露（癸水）滋潤其根莖，喜生時得時，忌氣候不和，四柱沖戰為不佳。吉昂比的命格中有癸水出干是好的。也有『庚金劈甲引丁』的貴格。但地支上有寅午戌會火局，月支和日支『酉戌』屬金，年支和時支合起來為火局。這就是火局困住金局的意思。一片火旺的局勢，因此在2022年2月9日，以47歲的年紀於睡夢中過世。在他的命格中，44歲起開始走戊運，因本命木火旺，水弱。因此在壬寅年的壬寅月癸巳日受到衝擊而殞落。

(例二)、『火多犯水格局』的例子

八字是：

庚戌
辛巳
日主 己酉
庚午

這是導演明金城的命格。日主『己酉』是為了要種植植物所堆積的有營養的土。雖坐於長生之位，但果實尚未豐盛成熟。此日主的人須多培植土則會富貴無涯。若命局碰到剝削，土則會貧瘠，無法有好收成了。在他的命格中，己土生巳月，三夏火旺。取用神以癸水為第一要用。他命格中『無癸』。稱做『旱田』。支上『巳酉會金局』，年支與時支又形成『戌午會火局』。火能使己土踏實，但仍是火剋金，土無法存的狀況。大運在丁運，51歲亡故。像這種命格極為缺水的人，遇到年月是壬年壬月，便如滾燙的熱鍋，一遇水會炸開，因此會突然而亡。其實在這種危險的時間點，應勿太過勞動辛苦，要多休息，靜待時間的過去。不過，其人生在夏天，會心急煎熬，也是無法停得下來的。

(例三)、『火多犯金水格局』的例子

八字是：

庚寅
戊寅
日主 丙戌
癸巳

這是日本藝人志村健的命格。日主『丙戌』為日入地網。戌宮為地網宮。亦是墓宮。太陽入地網宮，困頓無光。日生壬必須四柱有寅午，才能有成就。否則終身無發達之日。在志村健的命格中，是丙火生寅月，干上無壬有癸，支上有二次寅戌會火局。因為有癸，不能稱『炎上格』。此命格必須行東南運程的輔助，才會有富貴。否則為貧賤孤寡之命。若運不得時，又行西北運者，則為膽怯、拘謹、毫無作為之人。志村健在50歲之前一直在走庚辛壬癸等西北運程，55歲以後走到甲乙丙等東南運程，因此聲名大開。八字中日支與時支『巳戌相刑』。2020庚子年癸卯月，受金水沖擊，因新冠肺炎病逝，患病亡故。志村健未婚，有3億

日幣無人繼承。這也是近幾年所賺的錢財。

犯土格局

『犯土格局』是命格中以『土』為忌神或命格土多，缺水的格局。也會是命格火土旺，再遇土年，水被熬乾。這種格局會很悶，就像被關在墓室之中一樣。會讓人很窒息。也會心力交瘁。水被熬乾的格局常是有腎病、瞎眼的問題。也會遇到被土活埋。土石流蓋過。『犯土格局』最怕逢到戊年、己年、丙年、丁年。

通常有此格局的人，又逢到土年或土日，會變笨，思想滯怠，悲觀，想不出逃脫的方法。常耗損精神，使身體更弱，甚至到死。如果有木來疏土就會好一點。但也須要有水來解救，水木一起，便能使土疏鬆不頑固了。所以犯土格局的人最好土運時住在有水有木的湖邊或河邊。輕鬆自在的度過衰運的日子。某些命格火土旺的人，會腹內有蟲。要常定期除蟲。否則會腸穿孔，或臟器受損。當然有『犯土格局』的人在衣食住行上要小心。

(例一)、『土多犯土格局』的例子

麥克・傑克森八字是：

戊戌
庚申
日主　戊寅
壬戌

這是麥克・傑克森（Michael Joseph Jackson）的命格。日主『戊寅』為艮山。以長生趨艮，氣脈聚會而定。戊土在寅中長生。日主『戊寅』的人，喜歡命局中有煞刃、財星、食神。不喜歡刑沖破害和『申』字，因為『寅申相沖』嘛！此命格中，日主『戊寅』生申月，不做旺論，因『申』中戊土虛浮。有二戊、一庚一壬出干。支上寅戌會火局，戊土更旺。幸干上有壬水出干，並通根到申，又身處西方，才能賺到很多錢。如果在台灣或熱帶非洲、阿拉伯沙漠等地會窮困。麥克的命格中，本是土多，又經過 2008 年的戊子年，大運又在丙運，又有『寅申相刑』。他在 2009 年 6 月 25 日過世時，也是土多的日子。本來土多的人又遇土運要多休息，不能勞累。但他為了世界巡迴演唱，不眠不休，太累了無法入睡。施打過多的安眠藥劑，以致回天乏術。這也是一種笨。你覺得呢？

(例二)、『土多犯土格局』的例子

八字是：

	戊申
	庚申
日主	戊寅
	戊午

這是大陸演員吳秀波的命格。日主『戊寅』為艮山。以長生趨艮，氣脈聚會而定。喜歡命局中有煞刃、財星、食神。不喜歡刑沖破害和『申』字，因為『寅申相沖』。但此人命格中有三個土和一個庚出干，支上二次『寅申相刑』。和寅午會火局。這些都是刑剋，火局會生更多的土，其人腦子更不清。

2018年（戊戌年）被女星陳昱霖爆料談不倫戀7年。爆料當時他50歲，大運在丙運。東窗事發，損毀形象。原本以大叔形象走紅的吳秀波，爆出緋聞時隨即被封殺，連拍好的節目都被後製「消影」。在他運氣走到『申』字時，因為有水，大運也在壬、癸、甲、乙運，因此賺到錢可住美國豪宅。丙運遭災，戊運可能性命不保。而且老運不佳會窮，因為正走到時柱上的戊運運程了。

(例三)、『火土多犯土格局』的例子

東原亞希八字是：

壬戌
辛亥
日主 戊戌
戊午

這是日本最衰的倒楣鬼東原亞希的命格。日主『戊戌』為魁罡演武之山。必須要有劫刃，使之得權，再有刃煞、財星、食神，彼此相制相扶，或是有戊癸相合可有富貴。命局中忌支上有『辰戌相沖』，或四柱干支上夏水多，稱為背水陣而不吉。東原亞希倒楣非常出名，倒楣到連日本防衛廳都將她拿來當特別武器的鬼魔女。她今年已經40歲，但從15歲開始她一直走己運、戊運、丁運、丙運。還

好50歲以後，開始到甲乙木運了，到時候也會聰明一點，和賺錢多一些。在她的命格中，有二戊，一壬通根到亥，還有辛金出干生之。支上午戌兩會火局。火土太重，大運也一在火土運上，所以很衰很倒楣。等到50歲以後走到木運，就會稍好一些。但有些木運會生火，又再生土，所以還是要小心，不然會突然爆斃而亡。也會有心血管疾病。

犯木格局

『犯木格局』是命格中以『木』為忌神或命格為土，怕木來剋害。『犯木格局』常和『犯火格局』一起，因為木會生火，又更增土多。也有些命格喜用神為水，但怕木多，來吸水的，這也會形成『犯木格局』。更有一些人的命格中會形成『土木自戰』的格局，如此命格的人，其人腹內有蟲，常腹痛，終身必須打蟲。還有就是屬金水的一些格局，如『白虎格』、『井欄叉格』等，必須走金水運，以金水為用神，以木火為忌神的格局。

『犯木格局』的人，通常性格頑固，不開竅。或自以為聰明，愛賣弄小聰明，他們若命格木多的人，又不成格局的話，一生是說得多，做得少的人。而且性急、清高，驕傲。這些人多半走西方運。若行木運時便會窮困遭災。

(例一)、『火多犯木格局』的例子

八字是：

甲午
戊午
日主 戊寅
戊午

這是在日本織田信長的命格。在日本歷史上，與豐臣秀吉、德川家康兩人並稱「戰國三傑」。他的日主『戊寅』為為艮山。以長生趨艮，氣脈聚會而定。喜歡命局中有煞刃、財星、食神。不喜歡刑沖破害和『申』字。表面看起來他的命格很好，沒有沖剋和『申』字，三戊一甲出干，甲木七殺一夫當關剋土，使之有權有成就。支上寅午三會火局。真是火太多，生土太重，因此只活了48歲。在壬寅年午月，木火旺時被包圍自殺而亡。

(例二)、『火多犯木格局』的例子

八字是：

庚寅
壬午
日主 戊午
丁巳

這是一個普通人的命格。日主『戊午』為火山。非常炎熱燥烈，一定要用水來制火。還好有壬水出干，有庚金生之。但壬水無根。此命格以火為旺神源投，有寅木、壬水阻節。要用庚金生水為用神。此命局行土金運還好，行木火運大凶，有死亡之虞。並且初年安泰，中年以後貧苦多災。是嚴重的『犯木格局』。

(例三)、『火多犯木格局』的例子

八字是：

壬戌
癸丑
日主 戊子
戊午

這是前總統李登輝的命格。日主『戊子』為蒙山。易經中說：『山下有泉曰蒙。』以山下有泉水之聲，空靈而響聲清徹之意。日主『戊子』的人，必須看命局四柱干之中財官、印綬、食神所生扶的是什麼而定用神。在他的命格中，有雙戊和壬癸出干。支上年支與時支有午戌會火局。而月支與日支形成子丑，代表北方。火局代表南方，南北通吃，格局很大。大運庚運時發達。大運甲運時亡故。

這是『犯木』格局的明顯例子。

犯火格局

『犯火格局』是命格中以『火』為忌神或命格為金、為土多，怕火來剋害，或更增土多的狀況。同時也是命格缺水嚴重，怕火來熬乾命格中的水。有此命格的人，多半腎弱，眼睛不好、瞎眼，也會有心臟和心血管的疾病。並且他們的脾氣急躁，凡事不耐煩。容易生氣，夜間睡眠不佳。也常有脾胃不好，及腸疾、便秘、皮膚病、發炎、長脂肪瘤、癌症等狀況。最後就是在『犯火』的時節亡故。

(例一)、『土多犯火格局』的例子

八字是：

己未
辛未
戊戌　日主
戊戌

這是藝人羅志祥的命格。日主『戊戌』為魁罡演武之山。須有劫刃使之得權。再有煞刃、財星、食神，彼此相制相扶才會有富貴。戊刃在午。但此命格中是土重無刃。日主『戊戌』的人，性格悶，再加上『未戌』皆為乾土。容易像蒸氣鍋一樣要爆炸了，所以要『洩』。八字中劫財多，故女友多，以支應『洩』字。還好他生於大暑之後，金水已進，倒不致於乾枯。但月支和日支『未戌相刑』。故不想結婚。41歲丙運時爆發分手的女友指控性關係複雜。聲譽下跌，並失去大陸市場。2022年回歸演唱工作。但仍在丙運。這是『土多犯火的格局』。狀況未必會好。

(例二)、『受沖擊犯火格局』的例子

川普的八字是：

	丙戌
	甲午
日主	己未
	庚午

這是前美國總統川普的命格。日主『己未』為種在地下土中如芋頭、甘藷之類的植物上所覆蓋的土。這些植物必須有土深深覆蓋，才會長得好。他們喜歡乾燥、怕潮濕。川普的命局中，是己土生午月，夏季火旺土燥，必須有水滋潤，果實才會長得好。此命格中，午戌兩會火局，又有干上的甲、丙助炎。幸胎元為乙酉(納音水)，因此得活，但要小心保養，以防心血管疾病。目前他在壬運。命格火多乾旱的人，最怕水的沖擊。因此 2022 年壬寅、2023 癸卯年仍要小心為妙！

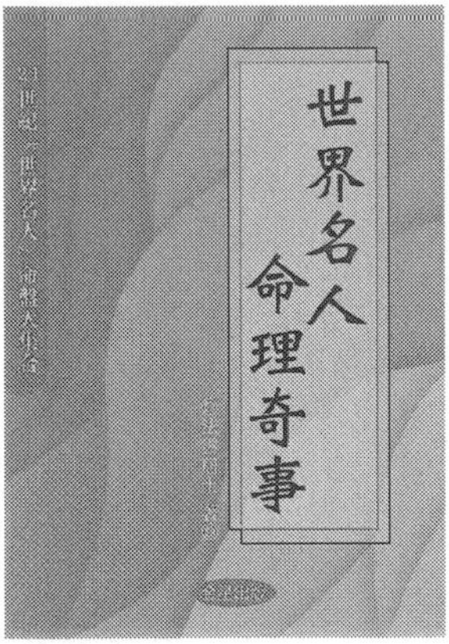

紫微攻心術

法雲居士⊙著

『紫微攻心術』是一本用中國固有的心理戰術，再加上紫微命理的對人性的分析，兩者相結合來觸動人心繼而相輔相成，達到你我雙方都雙贏的一本書。

『攻心術』一向在中國都是兵家最高層次的應用手法。現代人在不景氣的時運中想要突出重圍，努力生存及生活，其實也是和大環境及當前的生活模式做一番戰鬥，因此在變化異常的景氣寒冬中，對人際關係及職業賺錢的攻心術則不能不多通曉及努力學習了！最先知曉及能運用『攻心術』的人，將是一手掌握商場天下之情勢的人。

紫微命理子女教育篇

法雲居士⊙著

《紫微命理子女教育篇》是根據命理的結構來探討小孩接受教化輔導的接受度，以及從命理觀點來談父母與子女間的親子關係的親密度。

通常，和父母長輩關係親密的人，是較能接受教育成功的有為之士。

每個人的性格會影響其命運，因材施教，也是該人命運的走向，故而子女教育篇實是由子女的命格已先預測了子女將來的成就了。

第九章　田宅宮與福德宮的『紫微破洞』

在紫微斗數中，一般人都只以為『田宅宮』是看該人有多少房地產的宮位。以為福德宮是看該人能享多少福的宮位。當然，這些也是！但田宅宮與福德宮其實還包含有更深一層意義，這在論命過程中是缺一不可的。

在人命格當中，每一個宮位都身負有多層意義。一定要把這些搞懂了，算命才會準確。不但每個宮位俱有自己基本的表面意義，它所駐守的位置地點也俱有特殊意義。例如：在巳午未宮，表示是南方宮位，火重之地。在『寅午戌』等宮位，表示是火土重之宮位。在『亥子丑』等宮位，表示是水多之宮位。在『申酉戌』等宮位，表示是金多之宮位。每個宮位中出現的星曜也俱有吉凶的意義。就算沒有星曜出現，也會俱有特殊的意義。例如：五行屬木的星，出現在屬金的宮位，就代表有金木相剋的刑剋，為福不多。亦可能有害。五行屬水的星曜，出現在火土重的宮位，亦代表易乾涸，也是受到刑剋的。這是不得不辨明的。

第一節　有關田宅宮的『紫微破洞』

前面說：每個宮位都富有多層任務與意義。自然『田宅宮』的代表意義也有很多種。首先，

1.『田宅宮』是人的財庫。通常我們把錢財存在房子裡面，或買房地產存錢。這兩種都是存錢的方法，也是保存財富的方法。田宅宮不好的人，不但會沒有房地產，或失去房地產，也會存不住錢。容易寅吃卯糧。賺的錢不夠花。易窮困。或容易起高樓，又容易樓塌了。會有財務上的不穩定。

2.『田宅宮』是人的根本。『田宅宮』是人的源頭根本的所在。例如：『田宅宮』在女人，代表其子宮。這是孕育小孩及子孫的所在。每個人都是從子宮孕育生出的，所以說它是人的源頭根本。『田宅宮』在男性代表其精囊。這也是男性的根本。無論男人或與女人，我們可從其『田宅宮』來觀察到其人的生殖能力的好壞。在古代，生殖力、增加人口也是一種財富。所以它是人的基本價值。

3.『田宅宮』是人的基本框架。『田宅宮』是『兄疾田』一組的鐵三角的三合位。它守候著每個人的手足平輩相助能力、身體健康的財富、積蓄財富的能力等等，同時它也是家族ＤＮＡ複製能力的展現。倘若『兄疾田』這一組宮位其中有一個宮位不佳，這組鐵三角就塌了一角，這是很難補償的。而且人生的諸多努

力也容易化為泡影。所以，可以說『田宅宮』是展現個人生存於這個世界上，具有現實財富的地方。而『福德宮』是每個人具有精神財富的地方。

4.『田宅宮』代表你住所的外型。『田宅宮』中所具有的星曜，可顯示出你的住所的外型與顏色。例如『田宅宮』有火星或鈴星，你會住紅色房子，而且屋頂會尖尖的，像山形的房子。田宅宮為太陰星的人，你會住黑色房子，或平房。

5.『田宅宮』更代表你家中人相處模式。『田宅宮』可看出你家中人相處和不和樂？人多不多？會不會常不在家？會不會常吵架？還是常冷戰？也可看出是誰在當家做主？誰是家中重心？

有關『田宅宮』的『紫微破洞』

『田宅宮』的看法與別的宮位稍有不同。通常是宮位中有財星是大吉之象。表示有財、和財多。但『田宅宮』的大吉之象是最好有官星居旺，則會房地產多，或子女多、財富多。官星首推『太陽居廟』最佳。雖然太陰星是『田宅主』。太陰是陰星，代表土地多，太陽星代表的地上建物。所以真正的看房地產的星曜是太陽星。

另外，讓人跌破眼鏡的是『巨門星』居旺在『田宅宮』時，也代表房地產眾多。但會有些房地產的糾紛。不過你會很有耐心的解決。

此外，

表示你的房地產會儲存有價值的物品。像倉庫一樣，倉豐糧滿。你容易住在土形或梯形的房子之中。外觀也多半是土色或咖啡色。**但有羊、陀、火、鈴、劫、空、化忌同宮時**，表示你的財富受到剋害，會變得少或無。有羊、陀同宮，表示受剋害會破爛、或失去。**有火、鈴時**，表示有突發事件會遭災，如失火等。有劫空時，表示容易突然失去。有化忌同宮，**如有文昌化忌同宮**，是因文字契約不妥而遭損失。**有文曲化忌同宮時**，表示因說話吵架而遭損失。或因才藝不足而使才富減少。必須要小心你的膀胱、腎臟、眼目、大腸、胰臟、肺部、乳房和生殖器官都會有問題。小心癌症。

武曲在田宅宮，居廟旺時，表示你的房地產很值錢。你可靠房地產發富。你家的人很重視錢，很勢利眼。家人脾氣剛直，會爭奪利益，家人感情以錢為重。居平時，會和殺、破同宮，財逢沖破，表示房地產不算值錢。房地產少或無。家人不合，常爭執或鬥爭。你容易住在石頭、或玻璃、鋼鐵、等質材的房子之中。如果有羊、陀、火、鈴、劫、空、化忌同宮時，表示是『刑財』格局。有羊、陀同宮時，刑財最嚴重。會房地產損壞或失去，家中易有殺傷事件。或房地產遭毀壞。**若有火、鈴同宮**，刑財稍弱一點，你家常會有突然的花費而財富減少。例如突然要修屋，或某器財壞了要換，要花錢。**若與劫空同宮時**，家中的錢常變少，或有意外的花費有損失。你家中常沒人，也易遭小偷光顧。**若有化忌同宮時**，是『武曲化忌』。表示你家常有財務問題。你家的人常帳務不清，理財能力不佳。你也會欠下大筆債務。必須要小心你的膀胱、腎臟、眼目、大腸、胰臟、肺部、乳房和生殖器官都會有問題。小心癌症。

太陽在田宅宮，居廟旺時，表示你的房地產特多，不但有祖上遺留給你的，你也會增添購買。愈買愈多，成為該地區的大財主。你的房地產會是該地的地標，或是亮敞、大氣的房子，會是紅色或陽光金黃色的。你家裡的人會是個性寬宏、對人熱情，不計較是非好話的人。如果有羊、陀、火、鈴、劫、空、化忌同宮時，表示是『刑財』格局。有羊、陀時，你的房地產本來很多，但會慢慢減少。你家也會有一個窟窿在漏財。你家裡有人或有事在刑剋男人，男人會變少或缺少男性在家。你的家人也會工作不順利。或家有不工作的男人。你會住暗紅色或舊紅色帶黑色的房子。**當太陽居陷時**，表示你的房地產少，也會慢慢流失。你會住較舊紅色房屋。若有羊、陀、火、鈴、劫、空、化忌同宮時，表示房地產既少或無。你家中的人都運氣不佳。由其男人更不佳，會不工作或無能，也不常在家。家裡會較窮，存不住錢。必須要小心你的膀胱、腎臟、眼目、大腸、胰臟、肺部、乳房和生殖器官都會有問題。小心癌症。

太陰在田宅宮，居廟時，表示房地產和土地很多筆。你會很注重裝潢，並喜歡打掃及佈置房間。你會住灰色或黑色的房子。你家裡的人彼此很貼心，感情深厚，關係很緊密。家中會以女性為中心、為主。你們也會注重房地產和存款，有較多的存款和財富。如果有有羊、陀、火、鈴、劫、空、化忌同宮時，表示房地產會減少或損失。也會存款或財富慢慢減少中。**如果有羊、陀同宮時**，表示家中女性遭到刑剋，或缺少女性。房地產有損失或毀壞。財富也變少。**如果有火、鈴同宮時**，表示家中女性有古怪性格，也會耗財。**有劫、空同宮時**，表示家中錢財或存款會突然遺失或突然減少。家中會缺少女性，或外出不在。**有太陰化忌居旺時**，表示家中錢財有古怪、損失。家中女性和你不和。你的財產和存款常有問題。必須要小心你的膀胱、腎臟、眼目、大腸、胰臟、肺部、乳房和生殖器官都會有問題。小心癌症。

當太陰居陷時，表示你的房地產較不值錢，或無。家中財富較少，有時會窮困，必須靠薪水過活。你家中的女性常心情不好。家人關係較淡薄。你會住較淡色灰灰或黑黑的房子裡。女性在你家不受重視。如果**再有羊、陀同宮時**，你沒有房地產，或因房地產而吃虧。你的住屋會漏水。家中女性受到剋害。家裡存不住錢，容易欠債很多。**若有火、鈴同宮時**，你會住古怪的房子而窮困。你也會花古怪的錢而不富裕。你家中的女人偶而出現一下。**若有劫、空同宮時**，表示你的財庫常莫名其妙的成空。你的房地產即使偶而有，也會很快賣掉。你家中常無人。你的家人彼此感情淡薄。你會住外表髒亂的房子，或空無一物的房子。**如果有太陰化忌居陷同宮時**，表示無房地產，且會欠債。你的家中女性與你不合，會為你帶來錢災。也必須要小心你的膀胱、腎臟、眼目、大腸、胰臟、肺部、乳房和生殖器官都會有問題。小心癌症。

天相在田宅宮，居廟旺時，表示房地產和土地有多筆，都是很舒服、帶財的物業，能為你帶來一定的財富。你的家人也性格溫和，很會處理事情。財富穩定，吃穿不愁。你會住淺色會灰色、水色的房子。**有羊、陀同宮時**，表示是『刑印格局』。你的房地產住的不舒服，房子有漏洞破耗，讓你常損失和吃虧。你的家人事懦弱的人，也會使你常有損失和受氣之事。**有火、鈴同宮時**，表示你的房子一會兒有、一會兒無，家中常與黑道來往。家中人也偶而才出現。家中佈置容易搞怪，讓人側目。**有劫、空同宮時**，房地產容易消失或沒有。家中常無人在家，也沒有財富。**與文昌化忌或文曲化忌同宮時**，都是窮的格局。即使偶而有房地產，也會賣掉。家中易吵鬧不堪。

天相居陷在田宅宮時，你擁有的房地產是個破房子。你並看不起它，但又捨不得丟棄。你的家人都是膽小怕事的人。**有羊、陀同宮時**，你的家人常遭人欺凌。你也會寄人籬下，不敢反抗。你們很窮困，也容易遭受病災和災難的折磨。

有火、鈴同宮時，你的家人易與黑道、宵小之輩來往，會連累你。**有劫、空同宮時**，表示無福，要小心傷災或開刀的醫療糾紛。**有文昌化忌或文曲化忌同宮時**，表示家中財窮。會不富裕，必須節省小心過日子才會平安。

巨門在田宅宮，居廟旺時，表示房地產很多。但也會有房地產的糾紛，不過可用口才化解。你的房地產外型很多樣化。顏色以黑、灰、青為主。你家中的人口才很好，很會說話。家人紛爭也多。你會居於仲裁者的身份來評判是非公道。**當有羊、陀同宮時**，表示你的房地產有許多破洞、口子，需要修繕，或錢財方面的破口，需要彌補填平。其中家人的爭鬥由其凶惡，要小心在自己的房子中被殺或自殺。女性要小心子宮有病，會切除。**有火、鈴同宮時**，你擁有房地產的時間只有一下下，很短暫。要小心房地產的糾紛很火爆。女性要小心子宮長囊腫，男性要小心精囊癌。有『巨火羊』格局和時間點上，會在該房子中被殺或自殺。

巨門居陷時，表示房地產少，糾紛特多，糾纏不清。**有羊、陀、火、鈴同宮時**，要小心會在該房子被殺或自殺，無房地產較好。但仍會在某屋遇災。

天梁在田宅宮，居廟時，表示你會有祖先或國家給你的房地產。你的家中也會有長者照顧，讓你無憂享福。你會得到祖先或父母的遺產，生活愜意。**有羊、陀**同宮時，表示不一定能擁有房地產。家裡的長輩照顧對你來說，是一種負擔。家中常會出現大大小小的災禍。需要你解決。女性要小心子宮裡膜增厚。**有火、鈴同宮**時，祖產或國家給的房地產有時有，有時無，不太確定。家中長輩的照顧也偶一為之。**有劫、空同宮時**，只有一個天空或一個地劫時，表示祖產和國家給的房地產必須用心爭取才有。如果在巳、亥宮和居陷的天梁同宮，沒有房地產。家中也無人。亦會居無定所。

紫微在田宅宮，居廟旺時，表示你會擁有一、兩棟高級美麗的、高價值的房地產。你容易住高樓大廈，或門前台階很高的房子。你的家人很體面知禮，也會高高在上有些驕傲。你會住土黃色的房子。**若有羊、陀**同宮時，你的房地產的價值沒那麼高，會起伏不定。房子也會有些瑕疵或漏水。你家中的人會面和心不和。**若有火、鈴同宮時**，你的房地產雖美麗但有點怪。你也會擁有不長久。你家中常有奇怪的人進出。**若有空、劫同宮時**，你的美麗房地產很虛幻，並不能長期擁有。同時你家中常無人在家。你的錢財也常進進出出不穩定。**如果有文昌化忌同宮**，表示會因算錯帳，或簽錯契約而損失。若有文曲化忌同宮，會因說錯話，或失敗的才藝而損失。房地產也會遭損壞。

當紫微在子宮居平時，你的房地產只是很普通的房子。**若有羊、陀同宮**，房子有漏洞或磨壞，你的財庫也財不多。**有火、鈴同宮**時，你會偶而才有錢，不長久。**有劫、空時**，可能無房地產。**有文昌化忌同宮時**，因頭腦不精明而損失。**有文曲化忌時**，因才能不佳而損失。

貪狼在田宅宮，無論旺陷，都代表與房地產無緣。不會擁有房地產。即使短暫擁有，也會賣掉。你的家人彼此有些冷淡。你也不在乎有沒有房地產的事。有羊、陀、火、鈴、劫、空、化忌同宮，是更無房地產了。

七殺在田宅宮，表示只有一棟房地產，而且是很辛苦才擁有的。如果有羊、陀、火、鈴、劫、空同宮，會沒有房地產。你的家人性格較鋼硬較凶，和你不合。

廉貞在田宅宮，居旺時，你必須用盡腦汁才能得到房地產。居平時，是雙星格式，會有父母長輩給你房地產。有羊、陀時，房地產不保。有火、鈴時，有的能得到暴發運而買房地產。有的會刑財失去房地產。有劫、空同宮時，不易有房地產。有廉貞化忌同宮時，會有糾紛形成血光之災或有法律訴訟。

破軍在田宅宮，居旺時，你會改屋與建房子。大手筆蓋豪華房屋。你喜歡花錢，容易耗財、敗財、存不住錢。家裡的人都是性格不同難以駕馭的人。所以容易敗家。有羊、陀、火、鈴、劫、空、文昌化忌與文曲化忌同宮時，沒有房地產。會窮。破軍居平陷時，會住破房子，無恆產。家人散落流盪。或無家人、無子嗣。

祿存在田宅宮，你只有一棟住宅。你喜歡呆在家裡，不愛外出。你家中的人丁少，也很保守。財產不多，衣食而已。若有火、鈴、劫、空、化忌同宮時，為『祿逢沖破』。會無房地產。財富也不多。

田宅宮的『紫微破洞』

(例一)、麥可・傑克森的田宅宮

美國天王歌星麥克・傑克森的命格中，田宅宮是『太陽、祿存、地劫、天空』居巳宮。太陽居旺本來會有很多房地產的，但是還有祿存與地劫和天空同宮，總歸起來就算作沒有房地產了。因為『祿逢沖破』嘛！結果是一場空。你一定想：這怎麼可能？他賺這麼多錢，怎可能沒房地產？（可參考前面的命盤）

麥克一直在世界各地與美國各地巡迴演唱，住旅館飯店時間長久。

就像 20002 年，傑克森的第三個孩子誕生，他將孩子帶到了柏林阿德龍飯店他房間的陽台上，歌迷站在窗外。

1988 年 3 月，傑克森終於在加州聖伊內斯附近以 1700 萬美元買下一片土地，建造夢幻莊園私人公園，這是一個遊樂場。他安置了摩天輪、一座小型動物園、一座影院、還有保安哨塔，公園面積 2,700-英畝。2003 年，公園的估計價值在 1 億左右。

2006 年 3 月，夢幻莊園的主樓因為削減成本而關閉。在當時有大量的報導稱傑克森擁有財務問題。

傑克森曾將夢幻莊園作為抵押品換取了上千萬美元貸款。然而，豐澤投資選擇將傑克森的債務變賣給殖民地資本公司。在 11 月，傑克森將夢幻莊園的所有權轉讓給了梧桐谷牧場有限責任公司，這是傑克森與殖民地資本公司的合資企業。此交易清除了傑克森的債務，並且他甚還獲得了額外 3500 萬美元。

所以由此可證他真的沒有興趣留一間空房子。

(例二、)布魯斯・威利的田宅宮

在美國影星布魯斯・威利的命格中，其田宅宮為『陀羅居陷、鈴星居廟』坐寅宮，但有『太陽、巨門、文曲』相照。

他和家人住在洛杉磯的布倫特伍德社區。布倫特伍德是洛杉磯市西區的一個郊區社區。這很符合他的田宅宮。田宅宮為『陀羅居陷、鈴星居廟』算是空宮形式，要以對宮的星曜加入，一同解釋。對宮相照的星也很好，『太陽居平，巨門居旺，文曲居旺』，這表示他的房地產看起來很多，其實不多。田宅宮本宮的陀羅居陷代表舊的，有點破爛的。鈴星居廟，代表紅色，很旺的，而且屋頂有尖刺花樣突出的。

我們若看威利斯在洛杉磯和新澤西州賓斯格羅夫擁有房屋，就完全可看出這些特點了。新澤西州賓斯格羅夫(Penns Grove)的仁慈救主教堂也具有這樣的特點。有點破爛舊的屋舍，卻漆了亮敞的淡黃色，艷麗紅色的門，很顯眼。山形的屋頂，和三個尖尖的煙衝，正符合了『鈴星』的條件。

他還在川普大廈和曼哈頓河濱南部租用公寓。做為臨時棲息之用。

(例三、)安潔莉娜・裘莉的田宅宮

在美國影星安潔莉娜・裘莉的命格中，其田宅宮為『太陰化忌、擎羊』坐辰宮。子女宮為『太陽陷落』。也代表子女多，親生的加領養的共有六個小孩。

其田宅宮的意義是會住古怪又舊又有破洞會漏的房子。她也不太會買房地產。之前和布萊德・彼特結婚時買的法國酒莊，她也自作主張的賣掉了。雖然有這麼多小孩，她也會常常搬家。因為她的性格就是想到風就是雨的，性急衝動，又愛錢。所以生活難以安定。表面上她愛收養小孩作大善人，但是否真能養好小孩，只有天知道了！

這種田宅宮在女人來說，子宮會有問題。性象徵也會有問題。所以2013年2月16日，37歲的裘莉在得知由於BRCA1基因缺陷而患乳腺癌的風險為87％後，接受了預防性雙側乳房切除術。這也是此種田宅宮的憂患。希望她真的能逃過子宮癌症的問題。

第二節　有關福德宮的『紫微破洞』

福德宮所代表的意義

1. **『福德宮』是看人基本品格、相貌的基礎。**『福德宮』是看人天生德性有多少的地方。雖然命宮、還移宮、夫妻宮都分別藏有人的某些內在性格，但福德宮中的星曜才是人基本生成的內在性格。也可說是人的天性即藏於此。例如說，『福德宮』有羊，陀、火、鈴、劫、空、化忌的人，是基本命格受到刑剋的人，會須要扣分。這在八字上會看得很清楚。有時候命宮雖好，但福德宮不佳的人，會在相貌、品格上有瑕疵。

2. **『福德宮』也是人的根本。**『福德宮』是看人身體先天體質本質好壞的地方，因此也可看出壽命長不長？可以活多久？會不會因為外來或後天的原因受到傷害而短命？會不會因為中途變化而由弱轉強？這些都可以看出來。如果有羊，陀、火、鈴、劫、空、化忌的人，是先天體質本質受到刑剋的人，亦可能先天壽命不算太長的人。如果有此福德宮，就必須早早開始保養身體，有時也會帶病延年多活幾年了。

3. **『福德宮』是人財庫的源頭。**『福德宮』和『財帛宮』相照，它是人財庫的源頭。『財帛宮』是看你手中掌握可花用的錢財，『福德宮』是這可花用錢財的源頭根本。『福德宮』不好的人，很難成為大富。或是富有了卻短命。所以『福德宮』是人在這世界上可享用財富的總和。此宮有有羊，陀、火、鈴、劫、空、化忌的人，是『福德宮』受到刑剋，財、福都會受到嚴重的打折。例如『福德宮』是『』破軍、文昌』或『破軍、文曲』的人，是天生窮命，無論你一生賺多少錢，你自己都享受不到。你會節儉過日子。

4.『**福德宮』是人基本框架，是人的精神財富**。『福德宮』既可看到人的基本品性，性本善，或性本惡。更可看出其人的精神財富是什麼？精神糧食是什麼？例如說『福德宮』有文昌居旺的人，先天是愛學習，講究斯文、做是精明、善於文書、計算，會繪畫，做是有原則法度的人，也會不越矩。若『福德宮』有文昌陷落的人，則行為粗魯、做是沒有原則法度，計算能力差、少文墨、不懂規矩、較愚笨，學習力差。這也表示該人的基本品質不佳。所有的精神財富也稀少了。同時『福德宮』也是看你的人生辛苦不辛苦？享受有多少的地方。同時『福德宮』也是看人是否有精神疾病的地方。像憂鬱症、躁鬱症都可看出跡象，可以防範。

5.『**福德宮』是看你人生最高點和人際關係好壞的地方**。『福德宮』可看出你人生最高點的成就可到之處。有的人想做大官、想做總統，或想更上一級，但你很著急不知能否得到你所想要的職位或利益這時候要看『福德宮』的星要好壞，吉星多的就要得到。凶星多的沒福份。『福德宮』同時也是看你人際關係好壞的地方。若是不好，也可即早改善，無須蹉跎。

有關『福德宮』的『紫微破洞』

『福德宮』的看法有許多特點，『福德宮』太好的人，反而是屬於很懶惰的人也不一定會有出息。大多無出息。因為『福德宮』太好，太享福，就不用做了。例如『福德宮』是紫微的人，會高高在上，作威作福，既不討人喜歡，又不能成就大事，會遭人置肘。『福德宮』中是財星的話，表示你滿腦子是錢。是官星的話，表示你滿腦子是工作。是破耗刑剋之星的話，表示你專做對自己不好的事，非常辛勞、刻苦。

『福德宮』屬於人命格上本命深層的東西，就好像習慣一樣，不容易改。如果有什麼契機出現，讓你更改了不好的習慣，同時也會改變你的命運，讓你變長壽了。這一點我是有親身經歷的。

紫微在『福德宮』，你會自以為高貴，高高在上，作威作福，既不討人喜歡，難成大事。你會享受也會懶惰，如果有點煞星，反而可督促你工作。所以

『福德宮』有此星不算福事。有時反而事一種阻礙大好前程的因素。當有羊、陀、火、鈴、劫、空、化忌時，就是有刑剋。**有擎羊時**，就是『奴欺主』格局，容亦壽人欺負，享福不多。**有陀羅時**，表示享笨福，或自以為享福，其實事吃虧。會有傷災。**有火、鈴同宮時**，財帛宮是貪狼，就會有暴發運。不是貪狼的人，會急躁享不到福。**有劫、空同宮時**，你不知要享福，常發呆，錢也少賺，易生精神疾病、憂鬱症等。**有文昌化忌同宮**時，你的計算能力不佳，有些糊塗。**有文曲化忌同宮時**，你的才藝不佳、口才不佳，人緣不好。

天府在『福德宮』，你是愛享福的人，最愛物質享受，可是你賺錢辛苦，病不一定能賺那麼多錢來供你花用，因此容易借貸及欠債。**有羊、陀同宮時**，你天生的福份沒那麼多，你會辛苦勞碌，所得甚少。而且你會有讓你致命的壞毛病，來剋亥你天生的福氣。若改不了會影響壽元。**有火、鈴同宮**時，你會脾氣急躁火爆而影響你的福德與健康。也會影響你的財富及財庫，小心躁鬱症。**有劫、空同宮**時，你享福的財庫是空的，你能得到及花用的錢財也不多。易生精神疾病、憂鬱症等。**有文昌化忌同宮**的人要小心計算能力欠佳有損失，財少，享福少。**有文曲化忌同宮時**，要小心說話出錯，人緣不佳。

武曲在『福德宮』，表示你是個性格剛硬的人。如果財帛宮有貪狼，你會有『武貪格』暴發運，能發展大事業。**當武曲居廟居旺時**，表示你本命財多，可以好好發揮來賺錢，能成為大富豪。**當武曲居平**時，定和七殺、破軍同宮，是『因財被劫』格式，表示本命財少，要小心保護身體，以防疾病、傷災，生命不長。**有羊、陀同宮時**，是『刑財』格局，也會壽命減短。也可能會傷殘。**有火、鈴同宮時**，會刑財，對宮有貪狼時也會暴發。你的人生起伏大。**有劫、空同宮**時，表示財星不顯，或花不著。小心精神疾病、憂鬱症等。**有武曲化忌時**，表示有財務糾紛困擾你，你天生是窮命，也易因財自殺。

太陽在『福德宮』，表示你是一個寬廣、大器，不計較是非的人。太陽居旺時，你凡事無所謂，有時喜歡工作或有好人緣。你會擁有一定的財富，生活很愜意。太陽居陷時，你會喜歡躲在人後，不太講話，少發表意見。你喜歡默默做事，不想被人點名。**有羊、陀時**，你會工作受阻，錢財變少，生活較苦。也易有傷災、開刀事件。**有火、鈴同宮時**，你的工作常一會兒有、一會兒無。而且易遭火災禍燙傷等事，要小心。錢財也會受損。**有劫、空同宮時**，你會常頭腦空空，愣頭愣腦，也會有精神疾病、憂鬱症等。**有太陽化忌時**，表示天生與男性不合，你會被男性杯葛，工作不順利，升官有阻礙。你也會與祖先不合，離家發展較佳。

太陰在『福德宮』，表示你是一個有內在溫柔、體貼、性質陰柔的人。你也有美麗氣質的外表。你凡事會講感情深厚來論事。有時會欠理。你喜歡存錢及買防地產。**太陰居旺**時都可做得到。**太陰居陷時**，本命財少，會無法做到。**有羊、陀時**，要小心瞎眼、肝病、癌症，你的財庫也有破洞，很難補起來。**有火、鈴同宮時**，會有突然的災害讓你損失或無福。**有劫、空同宮時**，你沒有存款，房地產也不保，你容易有癌症、精神疾病、憂鬱症、失智症等等。**有太陰化忌時**，會有金錢財務危機，算帳算不清，房地產有糾紛，住屋有漏洞，頭腦不清。

貪狼在『福德宮』，表示你表面鎮定，內心貪心。同時你也會有好運。你更有好人緣及桃花運。當貪狼居陷時，你會人緣欠佳，會貪赧不好的東西，如酒色財氣等。桃花運變邪淫桃花。如**果有羊、陀同宮**時，你的運氣有阻礙，你會不喜外出。桃花運與人緣都沒了。財運也會大打折。**有火、鈴同宮**時，你會有暴發運、偏財運，能暴發錢財，一夜致富。你天生有這些好運，但也要防妻妾太多，垮得也快。若**有劫、空同宮時**，你的好運多半是空的，不實在。你也會貪不實在的東西。容易有精神病、憂鬱症等等。

七殺在『福德宮』，表示你天生勞碌，喜歡打拼。你很勤勞，從不怠懈。你是命宮有一顆天相福星的人。天相是勤勞的福星，故你會快樂的工作。**當有羊、陀同宮時**，表示刑星和殺星一起作亂。你可能天生是一個惡魔，也可受刑剋被殺、被害。你的福氣全沒，要小心身體多病早夭。**有火、鈴同宮時**，表示你會胡亂的打拼工作，三天打魚兩天晒網，脾氣壞，也不認錯。你也容易得突發的流行病症，或發燒、發炎等，損傷命體與財庫。**若有劫、空同宮時**，你頭腦空空，適合出家。勞動能力很差，希望別人賞飯吃。也易有精神疾病、憂鬱症等。有文昌化忌或文曲化忌同宮時，你思想古怪，與人格格不入，賺錢少，也享奇怪的福。

破軍在『福德宮』，表示你天生勞碌，整天忙個不停，你耗費的是你的生命資源。一定要小心保養身體才能財多長壽。如果有文昌或文曲同宮時，是窮的格局。容易忙碌多卻不富。身體不好也會不富。若有羊、陀同宮時，是福氣與財祿加倍破耗，會財少、身體不佳，多傷災、開刀，生命不長。**若有火、鈴同宮時**，性格暴躁，凶惡，與黑道有關，會不走善道，多遭災難。**有劫、空同宮時**，是本命『破空』。易出家入宗教，無法賺錢生財。也要小心精神疾病、憂鬱症等。**有文昌化忌或文曲化忌同宮**，是窮困多災的命格，會因災禍喪命。

天相在『福德宮』，你是命宮有貪狼星的人。你天生有好運，性格穩定、處變不驚，很會辦事，不懼危困。天相是勤勞的福星，也是公道星，注重公平。你也會修復災難後的破爛景象。**若有羊、陀同宮時**，表示是『刑印』格局，會受人欺負，不能還手。只能受氣。**若有火、鈴同宮時**，會與黑道來往相近。**若與劫、空同宮時**，表示有精神疾病、憂鬱症等。**若與文昌或文曲同宮**，會是窮命。很難富有。**若與文昌化忌或文曲化忌同宮**，是窮命再加麻煩糾紛，沒完沒了。

巨門在『福德宮』，你是命宮有太陰星的人。你天生智商高，也多是非。喜歡把事情翻來覆去的想，不怕麻煩。你喜歡試驗人性，口才又好，你也喜歡談戀愛，很會編故事，但你用的這些手段只夠你賺少少的工資。如果你的格局大一點，就能為官，或做大事業。否則只是在戀愛、婆媳、朋友問題上的鬥爭而已。**有羊、陀同宮時**，你是陰險狡詐的人，手段狠毒。最後害人害己。你易有乳癌、生殖戲統的癌症，肝病、大腸癌、眼睛不好或瞎眼等病症，也易自殺。**若有火、鈴同宮時**，是『巨火羊』、『巨鈴羊』格式，小心在該宮位時段自殺，上吊或投水。同時也是爭執超多，不願與人妥協的人。**若有地劫、天空同宮**，是非雖少了，但有精神疾病、憂鬱症等非常嚴重，易跳樓。**若有巨門化忌同宮**，是雙倍的是非糾纏，無論如何也扯不清。

天梁在『福德宮』，你是命宮有巨門星的人。『天梁』是蔭星。你的口才好，喜歡到處聊天，擺龍門陣。你天性喜歡照顧別人，從不怕麻煩，但運氣好壞差很多，並不一定有人感念你的好，有時也會招來是非糾紛，須要注意。同時這也是升官運與讀書運的一環，最好沒刑剋。**若有羊、陀同宮時**，表示受天庇佑的蔭星受到刑剋。你也會對人沒照顧之心了。升官運、讀書運全受到刑剋，會成就不高。**若有火、鈴同宮時**，蔭星被古怪的事刑剋了，不過還好只有一下下，會恢復正常。要小心膿血之症和糖尿病等。**若有劫、空同宮**，表示蔭星的功力有時有，有時無。要小心精神疾病與憂鬱症。**若有文昌化忌或文曲化忌同宮時**，你的升官運和讀書運全消失了，考試容意落榜。貴人會幫你走不起眼的道路。

祿存在『福德宮』，因為有前羊後陀，所以你和父母不合，父母程度很低。你也會家窮，田宅宮是擎羊，子宮和精囊都不好，生子不易。你是天性保守的人，很節省會存錢，但只有衣食之祿。**若有火、鈴同宮時**，是『祿逢沖破』，你會偶而才有錢，多半時間無財進。**若有劫、空同宮時**，為『祿空』，你的本命財少，會窮困無財，也會壽短。**若有化忌同宮時**，無論哪種化忌，都會『刑財』。會無財和壽短。

福德宮的『紫微破洞』

(例一)、歌星張國榮的福德宮

歌星張國榮的福德宮是『太陽、巨門、天空』。(命盤在前面)本來太陽居廟是很陽光的，巨門居旺，代表口才很好。他這個人有時候其實很愛鬧、很愛開玩笑，當大夥而一起時，他會是最出風頭的那個人。他對人體貼，雖愛鬧，很會搞熱場面，也會聆聽別人的內心痛苦訴說。所以朋友都喜歡他，對他也死忠。

但是他的命格是『天同化祿、太陰』，都居旺廟，這個命格是外面是男性，而內心卻是柔情似水的女性。天同化祿就是愛玩。他的工作就是玩，只是很用心的玩得別出心裁而已。他的官祿宮是『天機化權、天梁、陀羅』。他會親自主導眼出的細節，把它做得最完美。我看到很多同陰坐命的人，平常懶洋洋的，但工作起來很不要命似的，很嚇人！他就是這樣。

他的『夫、遷、福』這組宮位不好，夫妻宮是空宮，對宮有陀羅、機梁。遷移宮是『擎羊』，身宮又落在遷移宮。這是心裡很想外出，但身體不想出去。非常茅盾。他常常顧念很多人，很多事纏繞在心，總是繞來繞去，總解不開。

很多人覺得為什麼會自殺呢？這麼有名氣，工作這麼好，也賺了這麼多錢，也跟心愛的人在一起了，很多好事都在他身上出現了，為何要捨棄這一切呢？

這就是他的福德宮裡有『天空星』，與對宮財帛宮的『地劫』相照，形成劫空一起的狀況，通常這不是出家，就是精神耗弱而自殺。所以『福德宮』有天空或地劫出現，就把福氣帶走了。其實他走的那年是 2003 年癸未年，他的流年運是『鈴星運』，和對宮的武貪，形成雙暴發運，再晚三個月，到農曆五月時就有更大的暴發運了，真是十分可惜的事！

(例二、)史蒂芬、霍金的福德宮

天文學家史蒂芬、霍金的福德宮是『天機、太陰』。(命盤在前面)這個福德宮帶表的意義是：『天機』是非常聰明，智商很高。人生變化很大，起伏很大，身體肢體問題能協調，狀況能變好。『太陰居平』是生命的財和感情的財不算多。雖然如，還好沒有化忌，否則壽命就不長了。相照福德宮的財帛宮有『左輔星』。表示有平輩貴人相助在錢財上，因太陰居平，故仍不富足。不過他卻靠他的聰明與努力，突破身體的障礙，打開生命的另一扇窗。

霍金生的病是稱做『漸凍人』的病，這是一種遺傳性疾病。我們可從他的兄弟宮看到這種遺傳。他的兄弟宮是『武曲、破軍、地劫、天空』，表示沒有親生兄弟。(他有一個父母領養的兄弟，彼此不親）武破就是他的病，患上運動神經元疾病（肌萎縮性脊髓側索硬化症）。他也是在21歲時這個『武破、劫空』大運上得病的。起初他只是不良於行，須要拄杖。到老年時已全身癱瘓。

在研究及工作上，他應用先前潘洛斯研究奇異點時所發展出來的數學技巧，霍金團隊獲得很多關於大爆炸的存在與物理行為的重要結果。後來又研究黑洞。他都是靠學校給的研究經費在過活，這就是他的財帛宮為『左輔』的意思。

1974年，加州理工學院聘請他為訪問教授。

1975年回返劍橋大學擔任大學教授。

1977年，升任為重力物理學講座教授。翌年，獲得愛因斯坦獎與牛津大學榮譽博士學位。1979年，霍金成為第十七位盧卡斯教授。

1988年得到一大筆書款。這本書的書名為《時間簡史》。他賺了很多錢。

因為霍金研究的名氣，他受到國家和劍橋大學的照顧，所以他是在一個『機月同梁』的架構下，得到圓滿人生的。同時也可說是，他在高知識的領域中得以生存。如果他待在其他國家，可能無法會這樣供養他的。所以這也是他聰明的福報了！

第十章 有關人運氣、運程、流年上的『紫微破洞』

此章談的是：有關人運氣、運程、流年上的『紫微破洞』。

大運、流年的排列及看法

不論看大運或看流年，都是由自己所屬的『命盤格式』來排列運程的。看大運時，要分陽男陰女，或陰男陽女來看大運的排法。也就是陽年生的男子及陰年生的女子，要從『命盤格式』的順時針方向開始排大運。而陰年所生的男子和陽年所生的女子，要從『命盤格式』的逆時針方向開始排大運。

每一個人都固定走屬於自己命格的『命盤格式』。不會走到別個『命盤格式』的運程中去。你也無法自己選擇自己認為較好的『命盤格式』的運程。這些都是由出生時間所命定的，無法自己改變。

每個人出生後的第一個大運，都是從命宮開始算的。然後再依陽男、陰女順時針方向順行排列，或陰男、陽女逆時針方向逆行排成。

大運的看法

每個命盤格式中各個宮位所代表運程的意義，因尋求一個規律性都是從子宮的星曜開始談。你可以先找到自己所屬的命盤格式，再依命宮所在的宮位，依次看下去來瞭解自己的大運內容。例如你是『紫微在子』命盤格式的人，而你是貪狼坐命午宮的人，又是陽男的話。你的第一個大運是貪狼在午宮的大運。第二個大運是同巨在未宮的大運。第三個大運是武相在申宮的大運。第四個大運是陽梁在酉宮的大運。那你看幼年、少年時期的時期運程，就從午宮的貪狼運看起，依歲數尋找大運所在的宮位來看。倘若是陽女就會反過來行運了。第一個大運是貪狼在午宮的大運。第二個大運是太陰在巳宮居陷的大運。第三個大運是廉府在辰宮的大運。以此類推。如果你現在是三十歲，就找三十歲所屬宮位來看，看裡面是什麼星，就代表什麼運程了。

●陽年：指的是甲年，丙年、戊年、庚年、壬年。

●陰年：指的是乙年，丁年、己年、辛年、癸年。

從十二個命盤格式看『紫微破洞』

一、『紫微在子』命盤格式的『紫微破洞』

1.紫微在子

太陰(陷) 巳	貪狼(旺) 午	天同(陷) 巨門(陷) 未	武曲(得) 天相(廟) 申
廉貞(平) 天府(廟) 辰			太陽(平) 天梁(得) 酉
卯			七殺(廟) 戌
破軍(得) 寅	丑	紫微(平) 子	天機(平) 亥

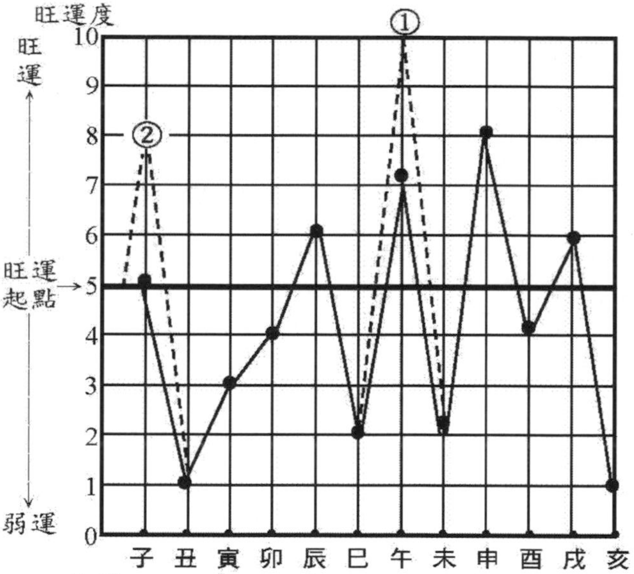

※①②是『火貪格』、『鈴貪格』的爆發運高點。
※丑年、巳年、未年、亥年是『人生黑洞點』。

『**紫微在子』命盤格式中**，如圖。我們可以看到**丑宮和卯宮是兩個空宮**，算是弱運的宮位與時間。另外還有未宮雙星陷落的『天同、巨門』，這是個懶洋洋，是非又多，成事不足，敗事有餘的時間。還有巳宮太陰陷落的窮困時間。還有亥宮**天機居平陷的耍小聰明又遭災的時間**。**基本上『紫微在子』命盤格式是『日月反背』的格局**。**因此**在酉宮的『**太陽、天梁**』這組星中，太陽也居平陷了。天梁雖在得地剛合格之位，但也不強，無法蔭庇。所以在『紫微在子』命盤格式中就有六個宮位及時間運程不佳。這些不佳的時間點就會形成『人生黑洞』，也就我們說的『紫微黑洞』。

你若仔細看這六個『紫微黑洞』的分佈，恰巧是隔一個宮位逢一個弱運。也就一年好、一年壞的運氣。如此一來，在大運上講，也是一個大運好，接著一個大運壞。這樣行運的話，前一個大運好，所努力的成果，會到後一個大運壞的時間中消耗殆盡，因此會形成人生成就努力時間上的浪費，也會形成此命盤格式的人會中年怠惰。不太想努力。最嚴重的『紫微黑洞』的年是丑、巳、未、亥等年。

二、『紫微在丑』命盤格式的『紫微破洞』

2.紫微在丑

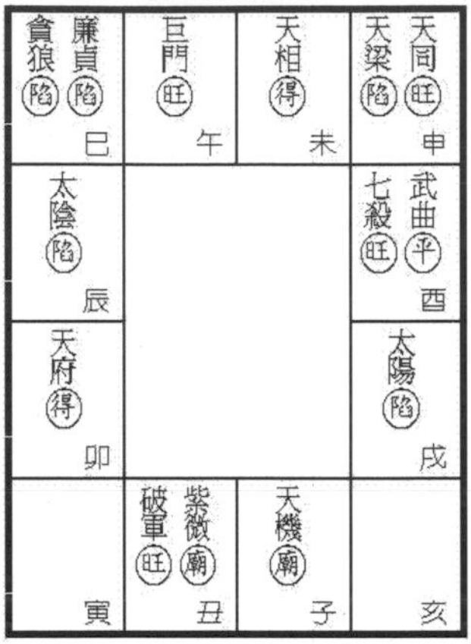

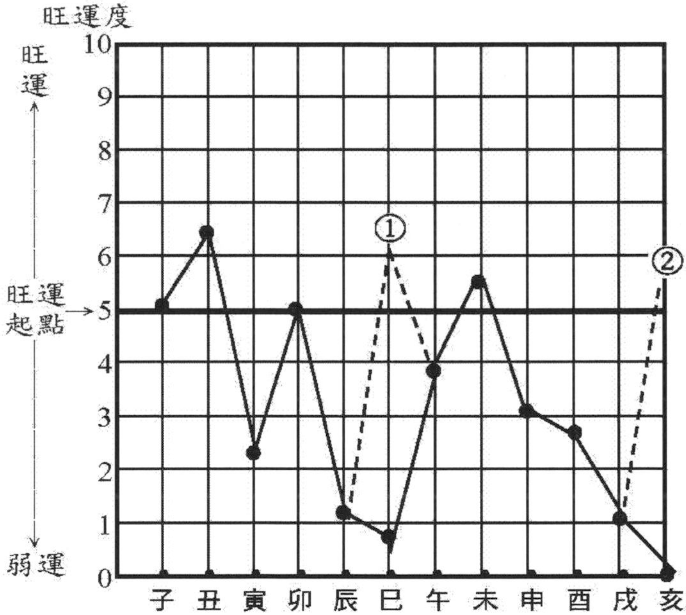

※①②是『火貪格』、『鈴貪格』的爆發運高點。
※寅年、辰年、巳年、亥年是『紫微黑洞』。

在『紫微在丑』命盤格式中，如圖。我們可以看到**寅宮和亥宮**是兩個空宮，算是弱運的宮位與時間。另外還有辰宮的**太陰陷落的窮運**，**以及巳宮的『廉貞、貪狼』俱陷落的爛運。不僅運氣低落，人緣不好，所有的**糟事會發生。還有**戌宮落陷的太陽運**。會工作不順或失業。這個命盤格式也是『日月反背』的格局。

其實申宮和酉宮的運程也不算好。**申宮有『天同居旺、天梁居陷』**，代表愛玩、懶惰，沒有貴人照顧及幫忙。在工作及成就上沒有幫助。酉宮的運程是『**武曲、七殺**』，武曲居平，被七殺劫財。如果是庚年生的人，會有『武曲化權、七殺、擎羊』在此宮中，此運程會有殺身之禍。或為因錢財問題而與人衝突殺人。還有一個午宮的『**巨門運**』和子宮的『**天機運**』，是非口舌、官司都很多。總之『紫微在丑』命盤格式可說是『人生破洞』較多的命盤格式了。最多的有七、八個之多，凡此命盤格式的人真要小心翼翼的過日子才行！但具體來說較嚴重的是寅年、辰年、巳年、亥年為『紫微黑洞』。

三、『紫微在寅』命盤格式的『紫微破洞』

3.紫微在寅

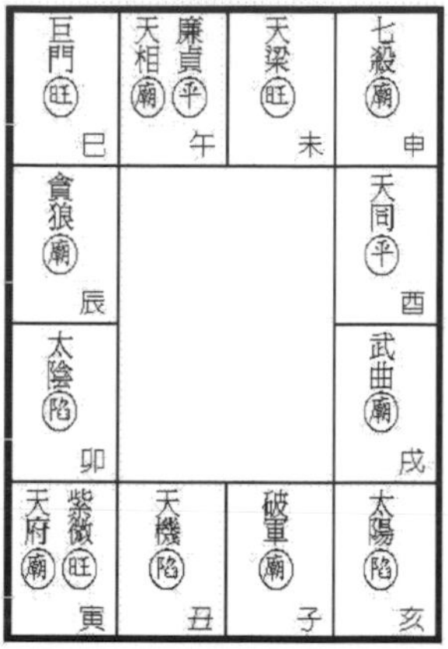

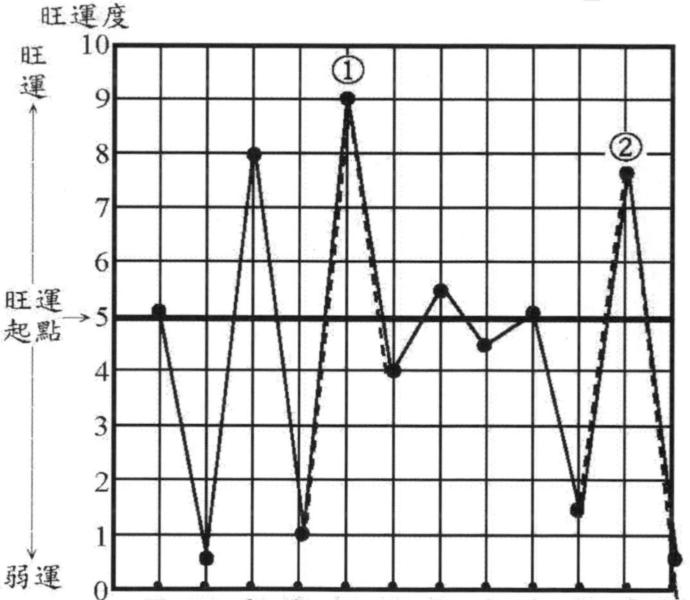

※①②是『武貪格』的爆發運高點。
※丑年、卯年、酉年、亥年是『人生黑洞點』。

『**紫微在寅』命盤格式中**，如圖。我們可以看到此命盤格式中沒有空宮，但有『日月反背』的格局。**卯宮的太陰陷落**是窮運，最怕乙、庚年生人，有『太陰化忌』或甲年生人有『擎羊』在卯宮，則易生病或傷災及窮困。**亥宮的太陽陷落**容易遭撤職、失業、犯刑。因為有對宮的巨門相照，是非特別多。此運怕甲年生有『太陽化忌』入宮，是人生的超級黑洞。但如果有完美『陽梁昌祿格』，則其人會讀書，能具有高學歷，人生也會有不錯的際遇與成就的。另外還有**丑宮的『天機陷落』**也是最差的運程。須要隱忍以度過。此運最怕戊年生有『天機化忌』，會有『擎羊』在對宮相照，也會有傷災、開刀等的刑剋。此命盤格式中有『武貪格』暴發運格，在辰、戌年會暴發，能補足其他弱運的『紫微破洞』。但怕壬年有『武曲化忌』，癸年有『貪狼化忌』，這些流年會不發。此命盤格式算是『紫微破洞』較少的了。較嚴重的是丑年、卯年、酉年、亥年為『紫微黑洞』。

四、『紫微在卯』命盤格式的『紫微破洞』

4.紫微在卯

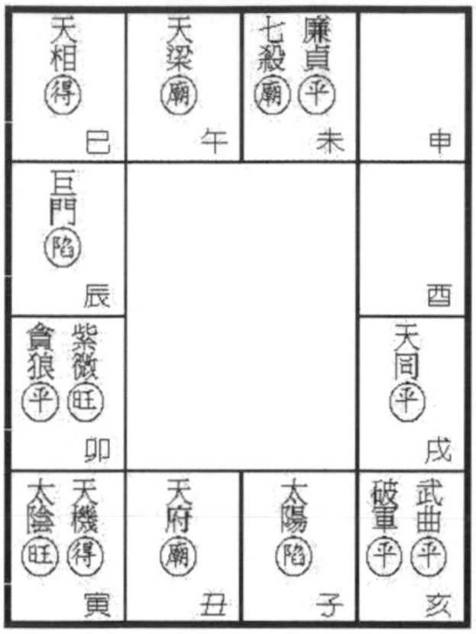

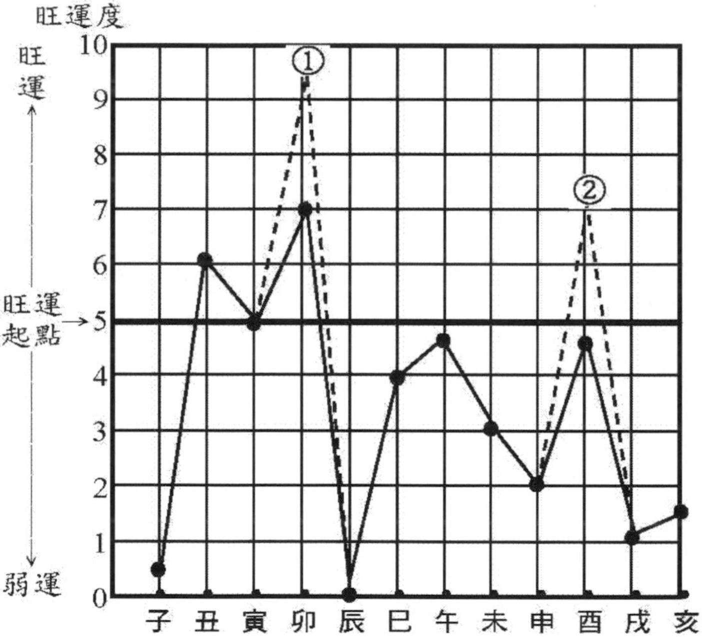

※①②是『火貪格』、『鈴貪格』的爆發點。
※子、辰、申、戌年是『紫微黑洞』。

『**紫微在卯**』**命盤格式中**，如圖。我們可以看到申宮和酉宮是兩個空宮，算是弱運的宮位與時間。另外還有子宮的太陽陷落的弱運，以及辰宮的『巨門』陷落，和戌宮居平的天同弱運。還有亥宮的『武曲、破軍』皆居平耗財的弱運。這個命盤格式中不能算是『日月反背』，因為太陰是居旺的和居得地的天機同宮。這裡的『機陰』運氣，代表迅速變化運動，聰明活潑，往上增強的運氣。只要動就有財！算是好運的兆頭。這裡子宮的**太陽陷落**的弱運，雖然很悶，但因有對宮午宮的天梁居廟相照，只要悶頭苦幹，仍然有貴人相助，能升官發財的。而且這種相照的模式，極容易有『陽梁昌祿格』，會讀書，能具有高學歷，能聲名遠播出大名。

辰宮的『**巨門運**』和**戌宮**『**居平的天同運**』，這一組的星曜，也是人生的黑洞期。如果在幼年，容易被送養離開原生家庭。若是乙年或辛年生人，有擎羊在辰宮或戌宮時，大運及流年遇到時，容易有生命攸關的傷災。

亥宮的『**武曲、破軍**』皆居平耗財的弱運，是『因財被劫』的窮運，努力打拼工作，節省及平淡度日可平安度過。減少是非及消耗，能有後福。

其中兩個空宮，**一個在申宮**，對宮有『機陰』相照，表示環境中變化多端，

你的『紫微破洞』怎麼補？

會東跑西跑，只要沒有化忌、陀羅在宮內，依然運氣還可以，因為『機陰』兩星都是居旺、居廟的。乙年生的人有『太陰化忌+陀羅』，戊年生的人有『天機化忌』，庚年生的人有『太陰化忌』，這都成為『人生黑洞』。**另一個空宮在酉宮**，對宮是『紫貪』相照，外在環境極好，人緣不錯。只要沒有『擎羊和貪狼化忌』在卯、酉宮出現，還是極佳的好運的。只有甲年生人、庚年生人、癸年生人會有『人生黑洞』。嚴重的是子年、辰年、申年、戌年的『紫微黑洞』。

五、『紫微在辰』命盤格式的『紫微破洞』

5.紫微在辰

天梁(陷) 巳	七殺(旺) 午	未	廉貞(廟) 申
紫微(得) 天相(得) 辰			酉
天機(旺) 巨門(廟) 卯			破軍(旺) 戌
貪狼(平) 寅	太陽(廟) 太陰(廟) 丑	武曲(旺) 天府(廟) 子	天同(廟) 亥

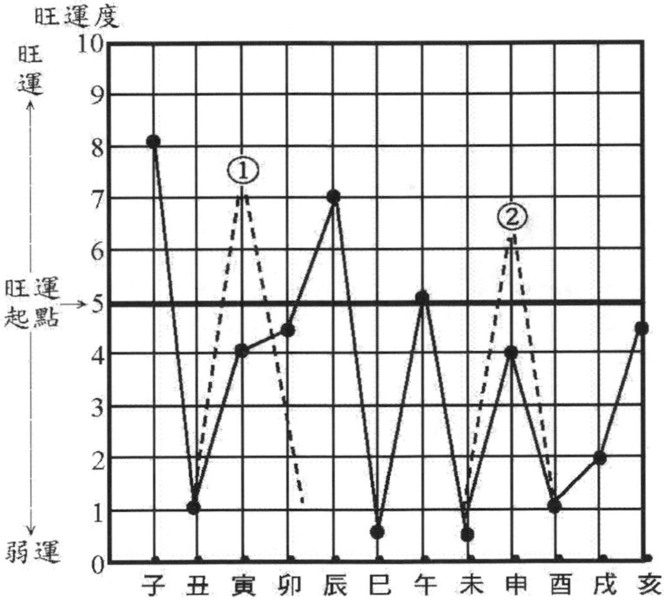

※①②是『火貪格』、『鈴貪格』的爆發點。
※丑、巳、未、酉年是『紫微黑洞點』。

『**紫微在辰**』**命盤格式中**，如圖。我們可以看到未宮和酉宮是兩個空宮，算是弱運的宮位與時間。另外還有巳宮的天梁陷落的弱運，以及丑宮『日月同宮』的太陽居陷、太陰居廟的運程。這個運程半好半壞。有薪水及銀行存款的財，但在工作競爭力上很無力，工作運很悶壞。其他寅宮的貪狼運居平，沒什麼好運。外在環境中爭鬥很兇。申宮的『廉貞運』是直接運用計謀與爭強鬥狠在實行鬥爭的運氣。若是大運好，會鬥贏。大運壞會鬥輸。如果有陀羅在寅、申宮出現，形成『廉貪陀』之『風流彩杖』格局，會因色情事件爆發而隱爆官司。也會臭名滿天下。這當然也是『人生黑洞』了。

巳宮的『天梁陷落運』是緊接著『紫相』好運之後的弱運。缺乏貴人的幫助，萬事皆休。但如果有化祿或祿存，能形成『陽梁昌祿格』的人，能有高學歷及高知識水準，在學術界努力，也會有大成就，這就不是『人生黑洞』了。

兩個空宮的問題：一個在未宮，對宮有『太陽居陷、太陰居廟』相照，倘若未宮中都沒有星曜，還算好。只怕有擎羊或陀羅獨坐宮中，就會有傷災刑剋和錢財不順的問題。丁年、己年生人會有擎羊在未宮。庚年生人會有陀羅在未宮，而對宮相照的是『太陽陷落、太陰化忌居廟』。這表示未宮的大運或流年是：此運會有拖拖拉拉、凡事不順的鈍傷，也會笨而不聰明，外在的環境又悶、又錢財不順，可能領不到薪水，或銀行的錢財會發生問題，或房子發生問題。

另一個酉宮的空宮，對宮相照的是『天機居旺、巨門居廟』。只要酉宮中沒有星，也可算是次等的好運。主其人能具有高知識水準，愛研究學問。有文昌、文曲、祿存也都是好運的。但怕有『擎羊』入宮，那是庚年生的人，其人也就喜歡學些不好的、陰險的、害人的手段，運氣也極差了。這會形成『人生黑洞』了。是故較嚴重的是丑年、巳年、未年、酉年是『紫微黑洞』。

六、『紫微在巳』命盤格式的『紫微破洞』

6.紫微在巳

紫微(旺) 七殺(平) 巳	午	未	申
天機(平) 天梁(廟) 辰			廉貞(平) 破軍(陷) 酉
天相(陷) 卯			戌
太陽(旺) 巨門(廟) 寅	武曲(廟) 貪狼(廟) 丑	天同(旺) 太陰(廟) 子	天府(得) 亥

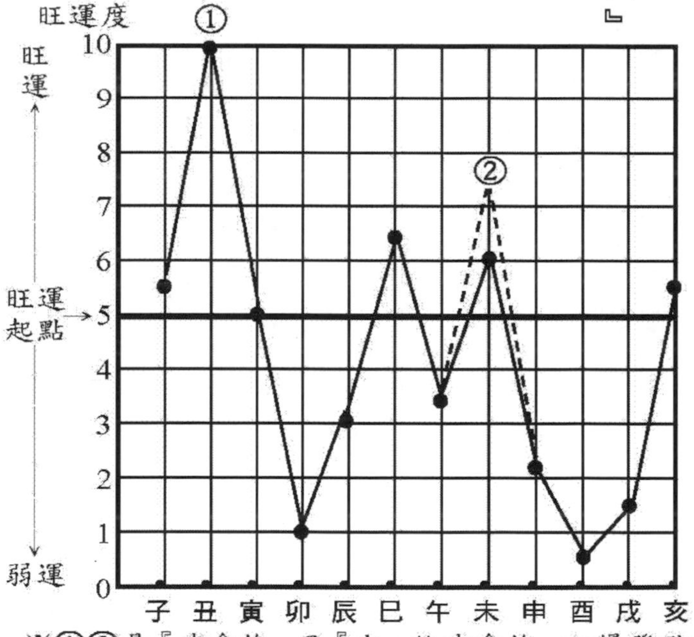

※①②是『武貪格』及『火、鈴武貪格』之爆發點。
※卯、酉、午年是『紫微黑洞』。

『紫微在巳』命盤格式中，如圖。我們可以看到有四個空宮。分別是午宮、未宮、申宮、戌宮。另外還有卯宮的天相陷落，及酉宮的『廉貞、破軍』俱落陷的破運。因此丙年、丁、戊、己、庚、辛等年生的人，這幾個空宮中會有煞星羊、陀進入，也易成為『人生黑洞』。

『紫微在巳』命盤格式中的人是命運大起大落的人。也常有大好大壞的變化。庚年生有『武曲化權』，和己年有『武曲化祿、貪狼化權』在命盤中的人，會有超強的暴發運。能從貧困翻身一夜致富。戊年生有『貪狼化祿、武曲』，也能圓滑、會做生意，也能致富。但你們總逃不過半壁疆山的弱運牽制，有時會欲振乏力。

卯宮的『天相陷落運』是外界的環境太差、太破及窮困，因此無福，會遇各種災難。酉宮的『廉破運』是本身破破爛爛、智商及計劃都不足，又隨便及不在乎。其外界的環境正是欠缺福氣、又不安穩的福氣，是故自己容易受傷或敗亡。所以這兩個運程是『人生黑洞』。

四個空宮的狀況：

1. **午宮的空宮**，對宮有『天同居旺、太陰居廟』相照。如果此空宮中沒有星曜，也算是好的，雖有些空茫，但錢財順利，有的玩，能享福，生活愜意。如果有文昌或文曲，在午宮都是陷落的，因此是粗俗、醜陋，沒什麼好運的運程。如果有『擎羊』在午宮，則為『馬頭帶箭』格。能做軍警或法官，也能馳騁沙場，

成為保衛疆土的名將。如果有火星、鈴星、天空、地劫在午宮，都是消耗的弱運。如果此空宮中沒有星曜，也算是好的，

2.**未宮的空宮：**對宮有『武曲、貪狼』相照。如果此空宮中沒有星曜，也算是好的，表示是在外在環境中有暴發運。若是丁年、己年生人，有擎羊在未宮，仍會有暴發運，但會發的小。若庚年生人，有陀羅在未宮，相照的有『武曲化權、貪狼』，也仍會有暴發運，但會慢發或拖拖拉拉。若有火星、鈴星出現在未宮，則有雙暴發運，暴發很大，致富很巨大。但如果有天空或地劫出現在未宮，亦或壬年生人或癸年生人，對宮有『武曲化忌』或『貪狼化忌』相照，則不會有暴發運。

3.**申宮的空宮：**對宮有『居旺的太陽、居廟的巨門』相照。如果此宮中沒有星曜出現，還算是好運，可靠口才賺錢吃飯有事業。但如果有陀羅、火、鈴、天空、地劫出現，則是衰運當頭了。

4.**戌宮的空宮：**對宮有『居平的天機、居廟的天梁』相照。如果此宮中沒有星曜出現，還算是好運，可靠平庸智慧的長輩照顧蔭庇。但如果辛年生人有擎羊在戌宮出現，或壬年生有陀羅在戌宮出現，則運氣就極差了，也會成為『人生黑洞』。

因此『紫微在巳』命盤格式中的人，必須常研究自己的命盤，好好把握少數幾個好運期。在弱運時要修身養性、節儉過日子。否則是非常煎熬的。總結較嚴重的是卯年、酉年，其次是午年、戌年是『紫微黑洞』。

七、『紫微在午』命盤格式的『紫微破洞』

7.紫微在午

天機(平) 巳	紫微(廟) 午	未	破軍(得) 申
七殺(廟) 辰			酉
太陽(廟) 天梁(廟) 卯			廉貞(平) 天府(廟) 戌
武曲(得) 天相(廟) 寅	天同(陷) 巨門(陷) 丑	貪狼(旺) 子	太陰(廟) 亥

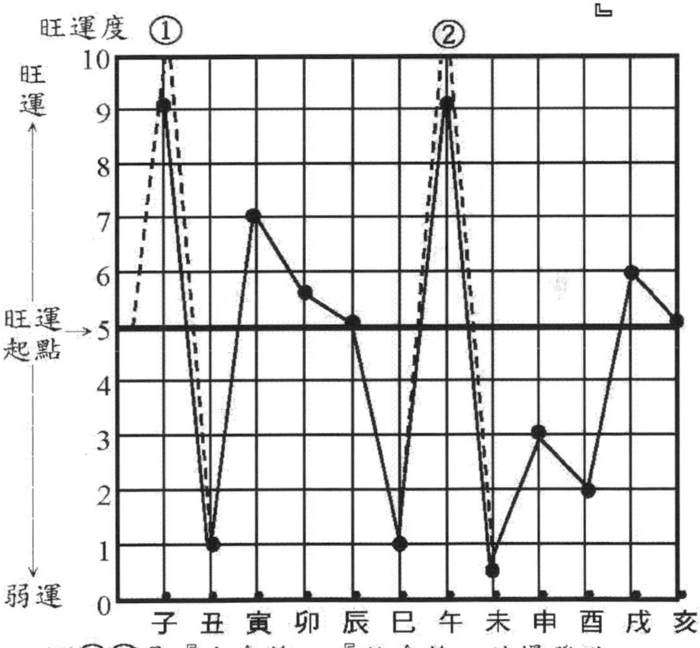

※①②是『火貪格』、『鈴貪格』的爆發點。
※丑、巳、未年是『紫微破洞』。

『**紫微在午**』**命盤格式中**，如圖。我們可以看到未宮和酉宮是兩個空宮，算是弱運的宮位與時間。另外還有丑宮的『天同、巨門』俱陷落的弱運，這是心情懶散、提不起勁，容易有些小病痛，對什麼事都不積極，思想也無法集中。諸事不宜的運程。丁年生有『巨門化忌』，擎羊在對宮未宮，會有傷災、心臟病開刀等的人生黑洞。

再則，巳宮的『天機居平運』也是弱運，此運有小聰明，正常的智慧不足，因此常犯錯。還有運氣一直往下降，只是靠周圍人的原諒體貼在容忍他。如果戊年生有『天機化忌』的人，更要小心自作聰明而遭災。如果是有『天機化忌』加『天空、地劫』加『祿存』四星同宮，此運要小心『半空折翅』格局，有性命早夭的問題，是人生的大黑洞。平常遇此流月，也會萬事俱空，什麼也做不成、不想做。此外要小心申宮的『破軍運』。此運雖會打拼，能開疆擴土，但若有文昌或文曲同宮或在對宮相照的狀況，就是窮運，想打拼的心也只是想一想而已，只是空中樓台罷了。

兩個空宮：一個在未宮的空宮，對宮有『天同、巨門』俱陷落來相照。這表示說本身運氣空茫，外在環境又是個懶洋洋、百般聊賴，無所成事的狀況。此運容易有小感冒或小病。如果有擎羊在未宮，對宮必有『天同、巨門化忌』，這時候的運氣就不是小病，而是心臟會開刀的大病了。也可能身體脊椎骨畸形，或羅鍋等。

一個在酉宮的空宮，對宮有『太陽居廟、天梁居廟』相照，這表示說本身運氣空茫，外在環境又是個貴人運、事業運都很旺，男人女人都喜歡幫助你的環境。所以此空宮中若無星曜也很好。如果有『文昌』星，能有『陽梁昌、祿、格』。會有高學歷、高知識水準，俱有成就大事業的基礎。但如果是庚年生人，酉宮有擎羊，就會刑剋陽梁，讀書也讀不好了，也沒有貴人運和事業運了。就會成為人生的黑洞。如果有『天空』獨坐酉宮，對宮有陽梁相照的狀況，此種是貴格，稱為『萬里無雲格』。 國父孫中山先生就具有此種貴格。能造福天下百姓，是五百年來第一人。此命盤格式中，丑年、巳年、未年、酉年是『紫微黑洞』。

P.225

八、『紫微在未』命盤格式的『紫微破洞』

8.紫微在未

巳	天機(廟) 午	紫微(廟) 破軍(旺) 未	申
太陽(旺) 辰			天府(旺) 酉
武曲(平) 七殺(旺) 卯			太陰(旺) 戌
天同(平) 天梁(廟) 寅	天相(廟) 丑	巨門(旺) 子	廉貞(陷) 貪狼(陷) 亥

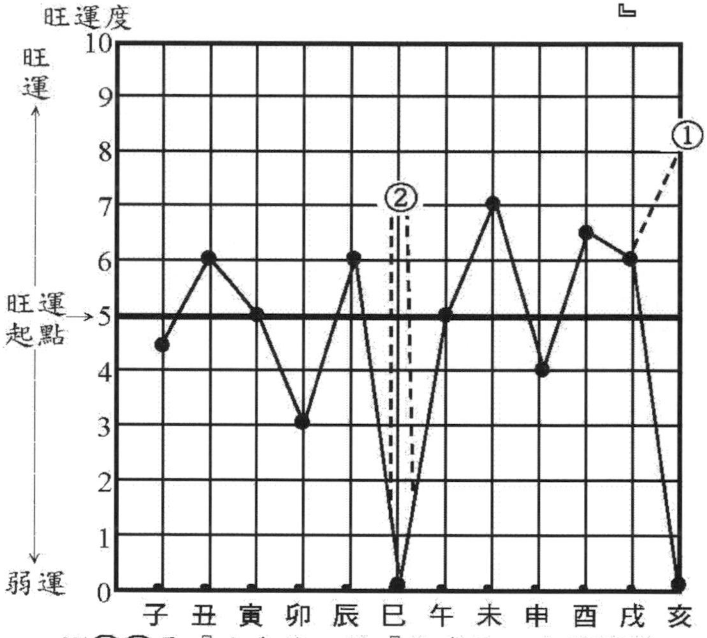

※①②是『火貪格』及『鈴貪格』之爆發點。
※巳、亥、卯年是『紫微破洞』。

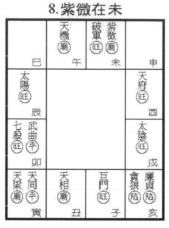

『**紫微在未』命盤格式中**，如圖。我們可以看到巳宮和申宮是兩個空宮，算是弱運的宮位與時間點。此命盤格式因為是『日月皆旺』的格局，因此比『紫微在丑』命盤格局的人好命多兩個好的大運，和兩個好的流年。此外就是『武曲、七殺』運較辛苦，財不多會努力打拼去賺。因為這是『因財被劫』的格局。武曲財星被七殺刑剋所致。若是乙年生或庚年生的人，有『擎羊』在卯、酉宮出現，更是嚴重的『因財被劫』。會因錢財而有性命之憂。會有殺人或被殺的災難。那就是『人生的大黑洞』了。如果沒有擎羊，則會平安，辛苦一點而已。

還有子宮的『巨門運』，會是多是非、糾紛，因對宮相照的是居廟的天機，是自作聰明而惹是非。如果有『巨門化忌』（丁年生人）或『擎羊』（壬年、丙、戊年生人）會因競爭激烈而傷身、害命。也算是『人生黑洞』了。

兩個空宮的問題：

一、在巳宮的空宮，對宮有『廉貞、貪狼』俱陷落相照。表示其運氣比『廉貪』更低落茫然。此刻『巳、亥』宮不可有『陀羅』入宮，會形成『廉貪陀』、『風流彩杖格』，會有色情事件傷害名譽，及身敗名裂，形成人生的大黑洞。但巳宮的空宮，若是有『火、鈴』進入，倒是好的，能有暴發運。軍警人員能立戰功。若有『天空、地劫』進入，則萬事皆休，是極低的運氣。大運和流年都要小心。小心遭災或失去生命。這也是人生的大黑洞。

二、**在申宮的空宮**，對宮相照的是『天同居平、天梁居廟』。如果空宮中沒有星，也算是平安的好運。是有貴人照顧、為玩而忙碌的運程。倘若申宮進入的是陀羅星，則是又笨、又有傷災、錢財不順、拖拖拉拉的問題。還算是小黑洞。因為周遭的環境還是好的。如果申宮中有火、鈴、地劫或天空出現，這是急躁、有損失或頭腦空空，而無福，或不聽貴人勸的運程。雖然問題不大，但總是不算太舒服的運程。較嚴重的是卯年、巳年、申年、亥年是『紫微黑洞』。

九、『紫微在申』命盤格式的『紫微破洞』

9.紫微在申

太陽(旺) 巳	破軍(廟) 午	天機(陷) 未	紫微(旺) 天府(得) 申
武曲(廟) 辰			太陰(旺) 酉
天同(平) 卯			貪狼(廟) 戌
七殺(廟) 寅	天梁(旺) 丑	廉貞(平) 天相(廟) 子	巨門(旺) 亥

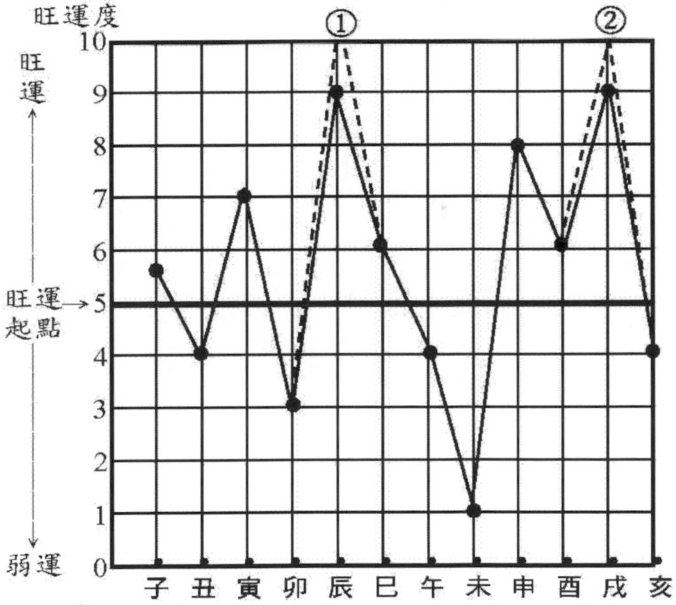

※①②是『武貪格』、『火、鈴武貪格』的爆發點。
※卯年、未年、亥年是『紫微黑洞』。

『紫微在申』命盤格式是『天下第一盤』。所有的命盤格式都是由此『紫微在申』命盤格式所出的，所以此命盤格式沒有空宮。它和『紫微在寅』命盤格式一樣都是沒有空宮的。但它也有弱運的宮位。例如：未宮的『天機陷落』運，是一直往下墜的運氣。此時不宜動，動則亂，亂則傷。最好保持肅靜、穩住，等時間過去，戛一個大運和流年就是『紫府』運了，所有的好運又回來了。

其次，**有『破軍居廟運**』和『巨門居旺運』。會有些破耗和是非糾紛。有些『破軍運』很會打拼，也能多生財。像癸年生人，有『破軍化祿』在午宮，子宮有『祿存、廉相』相照，形成『雙祿』格局，雖是為了花錢而找錢賺，但終究是愜意的運程。只怕是有擎羊在子、午宮出現，會有傷災。因為是形成『刑囚夾印』格，故會吃虧、車禍受傷而得不到賠償。而丙年生有『廉貞化忌』在『刑囚夾印』格中的人，也會因身體受傷開刀多次，或本身的身體傷殘、兔唇或有精神上的病症。

亥宮的『巨門居旺運』，雖是是非多的運程，但辛年生有『巨門化祿』，對宮有『居旺的太陽化權』相照，在工作事業上，或學術、研究及讀書方面，都會有傲人成績。癸年有『巨門化權』，也會在口才上有戰力，能說服眾人，及強辯奪理而成功。雖然有『權祿』的加持都是好的，但此亥宮的『巨門居旺運』其三合方位上都不強，有卯宮居平的天同，和未宮居陷的『天機』三合照守，因此，這亥宮的『巨門居旺運』會稍微有點窮，並不富裕。這是大家要小心的！但最怕是丁年有『巨門化忌』，就會形成人生的黑洞。口舌是非及法律官司糾纏不完，一直要到下一個『廉相運』，才能變好。

『紫微在申』命盤格式是所有命盤格式中最好運的。好的是：①有『日月皆旺』的運程。②沒有空宮弱運。③陷落的星曜少，且對宮有廟旺的星曜相照補助。例如：未宮的天機居陷，對宮丑宮有天梁居旺相照。卯宮的天同居平，則對宮酉宮有太陰居旺相照。這兩個居平陷的星曜都被相照的旺星所解救了。④有『武貪格』暴發運格。由辰宮的『武曲』和戌宮的『貪狼』相照形成。而此二星都是居廟的，有極強的暴發能力。因此增加了此命盤格式的威力。⑤『紫府』和『七殺』這一組的星曜，只是在好運方面更增加威力而已。較嚴重的是卯年、未年、亥年是『紫微黑洞』。

P.231

十、『紫微在酉』命盤格式的『紫微破洞』

10.紫微在酉

武曲(平) 破軍(平) 巳	太陽(旺) 午	天府(廟) 未	天機(得) 太陰(平) 申
天同(平) 辰			紫微(旺) 貪狼(平) 酉
卯			巨門(陷) 戌
寅	廉貞平 七殺(廟) 丑	天梁(廟) 子	天相(得) 亥

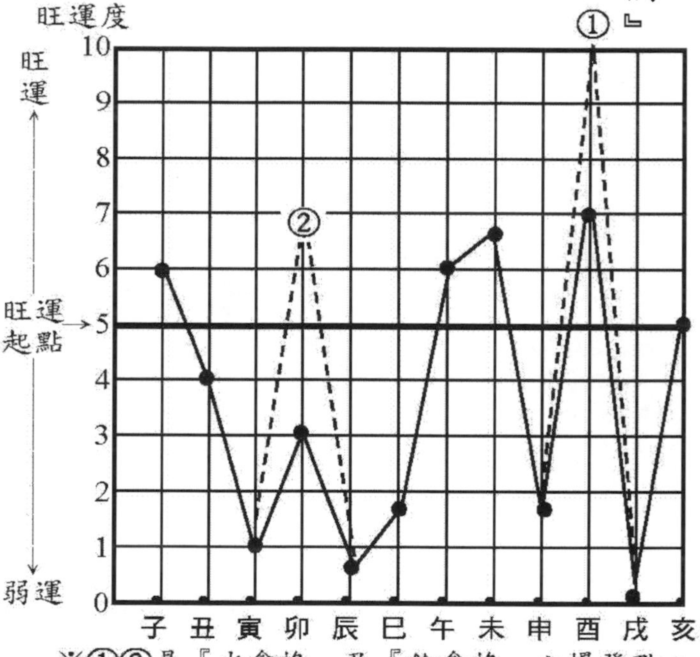

※①②是『火貪格』及『鈴貪格』之爆發點。
※寅年、辰年、申年、戌年是『紫微黑洞』。

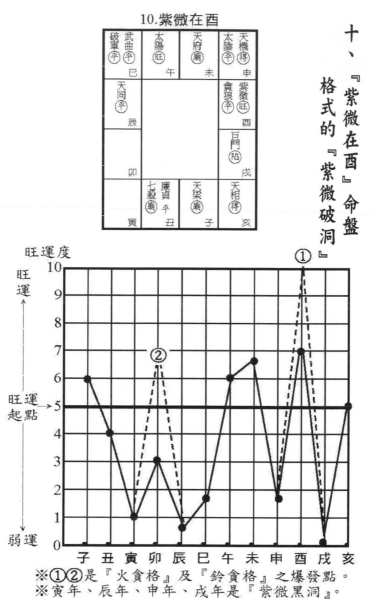

『**紫微在酉』命盤格式中**，如圖。我們可以看到寅宮和卯宮是兩個空宮，算是弱運的宮位與時間。另外**還有辰宮『居平的天同』，和戌宮『巨門陷落』的弱運**，這是一組相照的宮位。所以辰戌宮都是衰運，易有『人生黑洞』。辰宮『居平的天同』，因外在環境中是非爭鬥多，容易被犧牲或拋棄。若是乙年或辛年生人，有『擎羊』在辰、戌宮出現，就是超大級的『人生黑洞』了。若是丙、戊、壬年生人，有陀羅在辰、戌宮出現，易有傷災，但情況還不算太嚴重。

巳宮的『武破運』是窮運。武曲和破軍皆居平，是『因財被劫』的格式。武曲被破軍所傷，故窮。對宮的『天相』也只在得地的位置，表示外在環境很弱，要小心度日，安貧樂道可度過。

還有**丑宮的『廉貞（居平）、七殺（居廟）』運**，是辛苦、多花勞力，智慧不足的運氣。如果有昌曲同宮，容易發生有心臟開刀的手術要做的問題。如果有『擎羊』在丑、未宮出現，則形成『廉殺羊』之『路上埋屍』格，會有車禍身亡的問題。要算好『流年、流月、流日、流時』，小心預防。這是癸年、丁年、己年的人會遇到的。

兩個空宮的問題：

一、在寅宮的空宮，對宮有『天機（得地）、太陰（居平）』相照，表示這個時間點，本身運氣空茫，外在環境變化多端，而財不多的狀況。外界變化很大，並不友善。如果是乙、庚年生人有『太陰化忌』，或戊年生有『天機化忌』在對宮相照，及乙年生有『陀羅』入寅宮，辛年生有『陀羅』在申宮，都會有傷病和貧窮的問題。是『人生的黑洞』。

二、在卯宮的空宮，對宮有『紫微居旺、貪狼居平』相照，空宮內即使沒有星，都算是好運。如果甲年生有『擎羊』在卯宮，或庚年生有『擎羊』在酉宮出現，會有傷災和不吉，會是人生的小黑洞。

由以上看來，『紫微在酉』命盤格式的人，從丑宮到巳宮（丑年到巳年）會有五個弱運。再加申宮（機陰）和戌宮（巨門陷落），共有七個弱運。最嚴重的是有『化忌和擎羊』的運程，這是必須注意的。一般來說寅年、辰年、申年、戌年是『紫微黑洞』。

十一、『紫微在戌』命盤格式的『紫微破洞』

11.紫微在戌

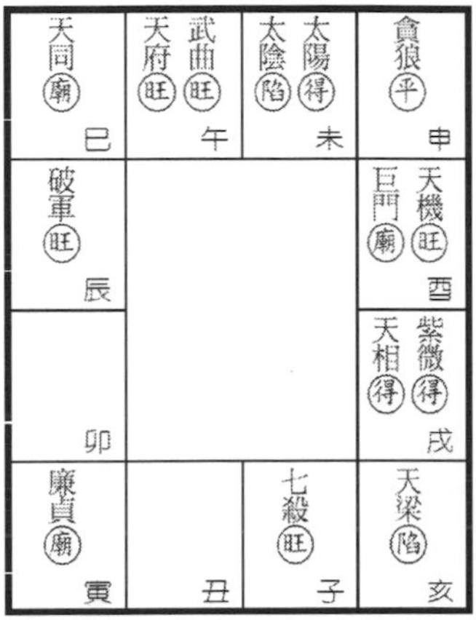

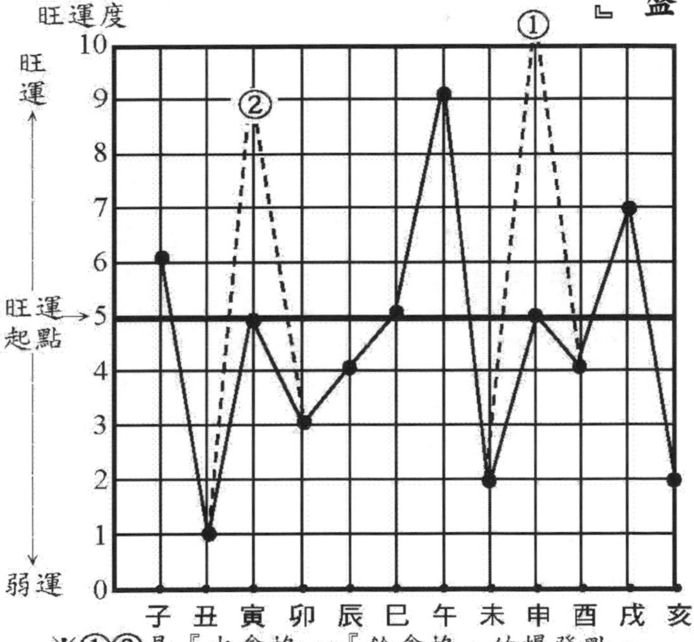

※①②是『火貪格』、『鈴貪格』的爆發點。
※丑年、未年、亥年是『紫微黑洞』。

『**紫微在戌**』**命盤格式中**，如圖。我們可以看到丑宮和卯宮是兩個空宮，算是弱運的宮位與時間。因為此命盤中『卯、亥、未』這一組三合宮位星曜較弱，因此要小心未宮的『**太陽**（**得地**）、**太陰**（**居陷**）』。這表示工作只有普通努力，但賺錢很少，有點使不上力。如果再有『太陽化忌』（甲年生人），或『太陰化忌』（乙、庚年生人），或是『擎羊』入宮（丁年、己年生人），則更形成『人生黑洞』了。

亥宮的『天梁陷落』的弱運，容易缺乏貴人和遭災。但壬年生人有『天梁化祿』和『祿存』同宮，雖形成『雙祿』格局，只是生活過得去，並不會多生財富。

這個『紫微在戌』命盤格式中的運程，大多是一年好，一年壞的運程。有些看起來還可以的運程，基本上又不帶財，這是比較麻煩的。例如：**寅宮的『廉貞居廟』運**，是計劃營謀，與政治鬥爭的運氣。對宮申宮『居平的貪狼』，好運只有一點點，並不帶財。如果是乙、辛年生人，有『陀羅』入寅、申宮，則會形成『廉貪陀』之『風流彩杖』格，會因發生色情之事而名譽掃地或敗亡。但如果有『火、鈴』進入寅、申宮，則會有暴發運，能成為此命盤格式中最強的好運。

辰宮的『破軍運』是亦好亦壞的，多消耗但會忙碌打拼。因對宮有『紫相』相照，表示外在環境優質、享福。環境要多財，打拼才能多賺。如果有『擎羊』在辰、戌宮（乙年或辛年生人），則有『破軍、擎羊』的組合，不但破耗凶，且會刑剋傷殘，破壞殆盡。就算外界環境好，也救不了他。因為擎羊和對宮的天相形成『刑印』格局，會吃虧受辱。如果有『陀羅』在辰宮（丙、戊年生人），其刑剋傷害會是磨損或鈍傷，或因笨所產生的損失消耗。

兩個空宮：一、丑宮的空宮，對宮相照的是『太陽（得地）、太陰（居陷）』。原本空茫的運氣，再加上外在環境較窮，工作不穩定，救會更衰運。若是甲年生有『太陽化忌、太陰、陀羅』相照丑工的空宮，表示環境很差，工作無著，自然財窮的問題很嚴重。這是很大的『人生黑洞』。容易生病、傷災、死亡。**二、卯宮的空宮**，對宮相照的是『天機（居旺）、巨門（居廟）』。『機巨』原本是高知識水準，有利讀書，增長智慧的運氣。也會多是非口舌，或因聰明而製造是非，會口才好，強辭奪理，自視甚高。倘若此空宮無星曜也是好的。或有『文昌』，更增加『陽梁昌祿格』的好運氣。如果卯宮的空宮中進入『擎羊』（甲年生人），就對讀書沒有興趣了。更會有傷病的問題、是非很多。較嚴重的是丑年、卯年、未年、亥年是『紫微黑洞』。

十二、『紫微在亥』命盤格式的『紫微破洞』

12.紫微在亥

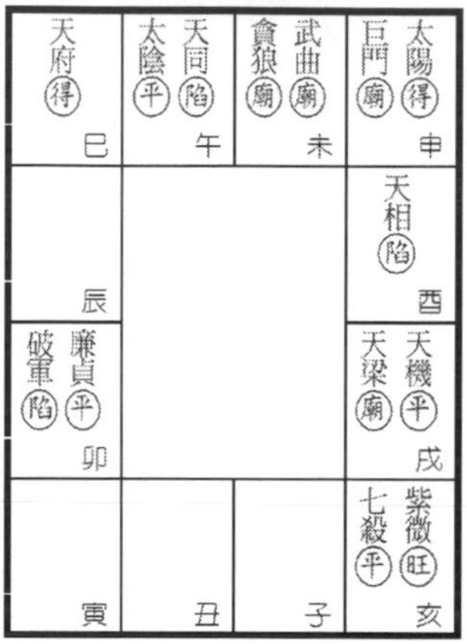

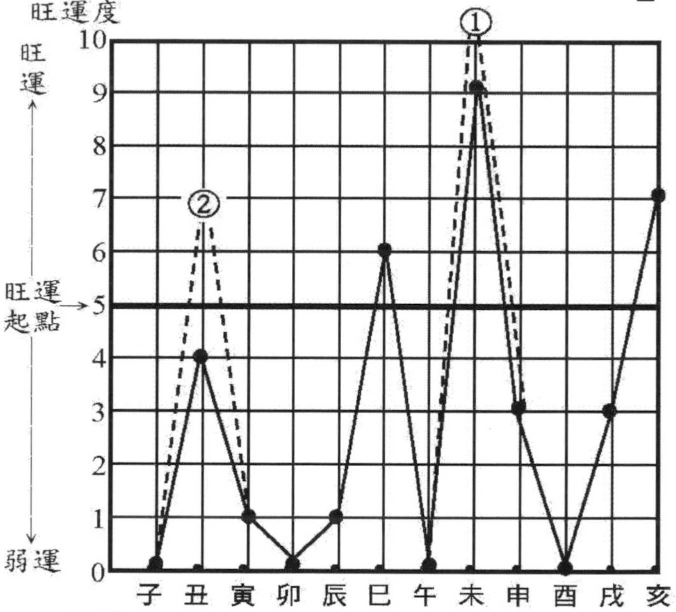

※①②是『武貪格』或『火、鈴武貪格』的爆發點。
※子年、卯年、午年、酉年是『紫微黑洞』。

『**紫微在亥**』**命盤格式中**，我們可以看到有四個空宮，和**卯宮的**『**廉破運**』，**和酉宮的**『**天相陷落**』**運**。這些都是大小不等的『紫微破洞』。這兩個運程最怕的是：丙年生而有『廉貞化忌』，或有『擎羊』在卯、酉宮（甲年、庚年生人）出現，會成為撕裂、破爛的死亡運程，是人生最低的黑洞。

此外，還有**午宮的**『**天同（居陷）、太陰（居平）**』**的運程**，是無福又窮的運程。雖然它緊接著巳年『天府運』之後，但是仍是人生的低坎。

再則，**戌宮的**『**天機（居平）、天梁（居廟）**』**的運程**，雖有智慧不高的貴人運，但此運不帶財，算是得過且過的運程。

四個空宮運：①**子宮的空宮運**，對宮有『陷落的天同與居平的太陰』相照，表示自身很空茫，而外在環境很衰弱窮困，真是欲振乏力，若是乙、庚年生人有『太陰化忌』或『擎羊』在子、午宮出現，這是人生的超級黑洞。②**丑宮的空宮**，對宮有『武曲（居廟）、貪狼（居廟）』相照。不論空宮中有無羊、陀進入，這都是有暴發運的好運程。有羊、陀時，暴發的會小一點。如果壬年生有『武曲化忌』，或癸年生有『貪狼化忌』，或有『天空』或『地劫』在丑、未宮出現，則不發。只是普通的古怪運氣。如果只有『火、鈴』出現在丑、未宮的人，會形成『雙暴發運』。這是此人的人生中極高之好運。一夜出名翻身致富，不可同日而語。③**寅宮的空宮**，對宮有『太陽（得地）、巨門（居廟）』相照，表示本身運氣空茫。但外在環境是熱鬧、是非多的。由其是男人很多，他們會爭鬥不停，吵吵鬧鬧的。空宮中如果沒有星曜，也是好的。在弱運中用口才的工作較容易得到。但是若有『陀羅』在寅宮中，是乙年生人，這個運程就差多了。會在吵吵鬧鬧中，也無利可圖，凡事拖拖拉拉，可能有傷剋不吉。如果有『天空』、『地劫』在寅宮出現，則工作運少，口舌是非也會少。萬事皆休。會成為『人生黑洞』。④**辰宮的空宮**，對宮是『天機（居平）、天梁（居廟）』相照，表示本身運氣空茫，但外在環境是智慧不高的貴人在守候，此運不帶財，會窮困。可能靠人生活，仰人鼻息。若空宮中有『擎羊』，是乙年生人。或有『陀羅』（丙、戊年生人），則智慧不高的貴人運未必能幫得了你，也算是弱運。

較嚴重的是子年、卯年、午年、酉年是『紫微黑洞』。

第十一章 結論

在這本討論《你的紫微破洞如何補？》的書中，我們看到了各式各樣的人生黑洞。但黑洞的終結者好像都是以死亡為終了。而且是無法救的。這樣還談什麼『如何補呢？』

問題不是這麼說。

這本書把『人生破洞』又稱為『紫微破洞』的原因，就是想用紫微斗數的命盤，來幫大家找到人生的坎點(弱運的時間點)，進而分析砍點發生的事物狀態，好想出對應之策，早早做出萬全的準備，以便度過坎點，如此你的『紫微破洞』就補好了！

在所有人的人生中，最難補的是『生命的破洞』。例如青壯年就生了癌症了，生命變短，這樣的破洞如何補呢？

還是可以補的！

我嘗說：以前的人出生時便會算命。很多人以為是算小嬰兒未來有沒有錢？

會不會給父母帶財來？當然這些都是連帶的附加問題。其實真正要算的是小嬰兒未來身體健康如何？有無傷災、病痛？會在何時發生？嚴重性如何？要如何應對？等問題。

人生病痛與生命的人生黑洞

現在紫微斗數很科學又靈驗。能觀測病症的發生，又能算出發生的年歲。是非常好的工具。我更用八字四柱的相剋之法，和紫微斗數相輔相成的，共同合作來簡易的找出『人生黑洞』讓大家即早預防，若從嬰兒期就開始做健康管理，我想癌症的發生率當然會減少。

倘若目前你已經得到癌症了，快點把握人生中好運一點的流年、流月，流日，找出對病症的好的治療方法，這也未嘗不是一個轉機點。

有關事業的人生黑洞

有關事業的人生黑洞，它不像生命被終結那麼恐怖，但也會使人不想活了。因為它多半發生在人的青、中年。如果在青年，你還有爬起來的機會。如果在中年以後，你就考慮要轉行。很多人好的時候意氣風發。不可一世。跌落谷底才知道要謙虛。

所有的人都應該學算命，尤其給自己算，非常重要。你能提早知道自己何時會大發？何時有災難？何時有病痛？嚴不嚴重？會不會好？到底壽元有多少？你的貴人在哪裡？你的財方在哪裡？你的凶方在哪裡？你的大運在何時？哪些流月、流年會大進財？哪些流年、流月要小心度過？哪些朋友可以交？哪些朋友不能碰？家人不合時要怎麼辦？運氣在坎點時，要學周公平心養氣。運氣在高點時，也要屏住氣，努力往上衝。不能左顧右盼，也不能驕傲自大，有些運氣是一點不小心就會洩下去垮下去的。所以人人都要小心的過日子，才是正途！

有些人現在已很有錢了，可能有個兩、三億吧！但一直無法再往上進一步，雖然日子過得很富裕，但離數百億的富翁還只是起步，這讓他很不甘心。眼見自己已要走到武貪格、武曲的財星大運，為何總是前進的很少呢？那你要看看自己的八字大運走到哪裡了？有時候紫微命盤上是財星、祿星的運程，而在八字大運上是煞重、劫財、傷官的運程。更要估算你本命的財到底有多少？是否有幾十億、幾百億呢？如果本命偏財多，或都是偏財，那你的人生可能是浮生一夢。因為偏財都是他人之財，雖然你一時發富了，但不見得能長期擁有它。

人生的學問很多，我們窮其一生都研究不完。研究『人生黑洞』，能使我們不要重蹈覆轍，更能檢驗我們的人生道路的順暢性，可減少沿路的磕磕絆絆，使我們在山峰攻頂時，能一鼓作氣的衝上山頂，暢快人生！

如何創造事業運

法雲居士⊙著

人生中有千百條的道路，但只有一條，是最最適合您的，也無風浪，也無坎坷，可以順暢行走的道路，那就是事業運！

有些人一開始就找對了門徑，因此很早、很年輕的便達到了目的地，成為事業成功的菁英份子。有些人卻一直在茫然中摸索，進進退退，虛度了光陰。

屬於每個人的人生道路不一樣，屬於每個人的事業運也不一樣！要如何判斷自己是否走對了路？一生的志業是否可以達成？地位和財富能否得到？在何時可得到？每個人一生的成就，在紫微命盤中都有顯示，法雲居士以紫微命理的方式幫助您檢驗人生，找出順暢的路途，完成創造事業運的偉大工程！

如何選取喜用神

上、中、下冊

法雲居士⊙著

(上冊)選取喜用神的方法與步驟。

(中冊)日元甲、乙、丙、丁選取喜用神的重點與舉例說明。

(下冊)日元戊、己、庚、辛、壬、癸選取喜用神的重點與舉例說明。

每一個人不管命好、命壞，都會有一個用神與忌神。喜用神是人生活在地球上磁場的方位。喜用神也是所有命理知識的基礎。

及早成功、生活舒適的人，都是生活在喜用神方位的人。運蹇不順、夭折的人，都是進入忌神死門方位的人。門向、桌向、床向、財方、吉方、忌方，全來自於喜用神的方位。用神和忌神是相對的兩極。一個趨吉，一個是敗地、死門。兩者都是人類生命中最重要的部份。

你算過無數的命，但是不知道喜用神，還是枉然。

法雲居士特別用簡易明瞭的方式教你選取喜用神的方法，並且幫助你找出自己大運的方向。

對你有影響的

身宮、命主、身主

法雲居士⊙著

在紫微命理的學理中，命盤上每一個宮位、星曜、星主、宮主都是十分重要的。
其中，身宮、命主和身主，代表人的元神、精神，是人靈魂方面的內涵。
一般我們算命，多半算太陽宮位，是最起碼的算命方式。像身宮是太陰所管轄的宮位，我們要看人的內在靈魂，想看此人的前世今生，就不能忽略這些代表人內在靈魂的『身宮、命主、身主』了！

星曜特質系列包括：『殺、破、狼』上下、『羊陀火鈴』、『十干化忌』、『權、祿、科』、『天空、地劫』、『昌曲左右』、『紫、廉、武』、『府相同梁』上下冊、『日月機巨』和『身宮、命主、身主』。

此套書是法雲居士對學習紫微斗數者常忽略或弄不清星曜特質，常對自己的命格有過高的期望或過於看輕的解釋，這兩種現象都是不好的算命方式。因此以這套書來提供大家參考與印證。

對你有影響的

天空、地劫

法雲居士⊙著

『天空、地劫』在每一個人的命盤中都會出現，它們主宰著在人命中或運氣中一些『空無』的、不確定的事情。『天空、地劫』都是由人內在思想所產生的觀念所導致人的行為偏差，而讓人失去機會和運氣，也失去錢財和富貴。『天空、地劫』若出現於『命、財、官』之中，也會規格化與刑制人命的富貴與成就。
『天空、地劫』亦是人生中有漏洞及不踏實的所在，你也可藉此觀察自己命運不濟及力不從心之處。

星曜特質系列包括：『殺、破、狼』上下冊、『羊陀火鈴』、『十干化忌』、『權、祿、科』、『天空地劫』、『昌曲左右』、『紫、廉、武』、『府相同梁』上下冊、『日月機巨』、『身宮和命主、身主』。此套書是法雲居士對學習紫微斗數者常忽略或弄不清星曜特質，常對自己的命格有過高的期望或過於看輕的解釋，這兩種現象都是不好的算命方式。因此以這套書來提供大家參考與印證。

對你有影響的

羊陀火鈴

法雲居士⊙著

在每個人的命盤中都會有羊、陀、火、鈴出現，這些星曜其實會根據其本身特質來幫助或影響命格，有加分、減分的作用。羊、陀並不全都不好。火、鈴也有好有壞，端看我們怎麼運用它們的長處，和如何抵制它們的短處，就能平撫羊、陀、火、鈴的刑剋不吉。以及利用它們創造更高層次的人生。

星曜特質系列包括：『殺、破、狼』上下冊、『羊陀火鈴』、『十干化忌』、『權、祿、科』、『天空地劫』、『昌曲左右』、『紫、廉、武』、『府相同梁』上下冊、『日月機巨』、『身宮和命主、身主』。此套書是法雲居士對學習紫微斗數者常忽略或弄不清星曜特質，常對自己的命格有過高的期望或過於看輕的解釋，這兩種現象都是不好的算命方式。因此以這套書來提供大家參考與印證。

對你有影響的

天空、地劫

法雲居士⊙著

『天空、地劫』在每一個人的命盤中都會出現，它們主宰著在人命中或運氣中一些『空無』的、不確定的事情。『天空、地劫』都是由人內在思想所產生的觀念所導致人的行為偏差，而讓人失去機會和運氣，也失去錢財和富貴。『天空、地劫』若出現於『命、財、官』之中，也會規格化與刑制人命的富貴與成就。『天空、地劫』亦是人生中有漏洞及不踏實的所在，你也可藉此觀察自己命運不濟及力不從心之處。

星曜特質系列包括：『殺、破、狼』上下冊、『羊陀火鈴』、『十干化忌』、『權、祿、科』、『天空地劫』、『昌曲左右』、『紫、廉、武』、『府相同梁』上下冊、『日月機巨』、『身宮和命主、身主』。此套書是法雲居士對學習紫微斗數者常忽略或弄不清星曜特質，常對自己的命格有過高的期望或過於看輕的解釋，這兩種現象都是不好的算命方式。因此以這套書來提供大家參考與印證。

戀愛圓滿—愛情繞指柔

法雲居士⊙著

愛情是『人』的精神層面之大宇宙。
缺少愛情，人生便會死寂一片，空泛無力。
在人生中，你會遇到什麼樣的愛情對手？你的『愛情程式』又是什麼型式的？
是相愛無怨尤的？還是相煎何太急的？
你的『愛情穩定度』是什麼方式的？
是成熟型有彈力的？還是斷斷續續無疾而終的？你想知道『花心大蘿蔔』的愛情智商有多高嗎？
在這本書中會有讓你意想不到的噴飯答案。
法雲老師用紫微命理的架構，把能夠讓你"愛情圓滿"的秘方，以及讓戀愛對方服貼的秘方告訴你，讓你能夠甜蜜長長久久！

機月同梁格會主宰你的命運

法雲居士⊙著

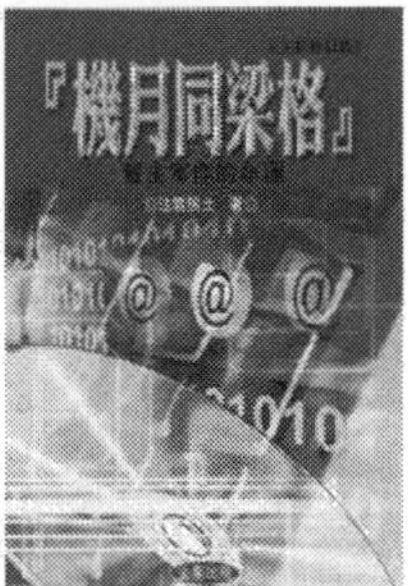

『機月同梁格』在紫微命理中是非常重要的命理格局。它是一個能使人有穩定工作、及過平順生活的格局。不僅是只能過薪水族生活的格局而已！

它會在每個人的命盤中出現，而且各人的格局形式與星曜旺弱都不一樣，代表了每個人命運凶吉刑剋。

此格局完美的人能做大事成大業，能由經年累月累積財富，或由經驗累積而功成名就。法雲老師用自己的經驗和體會，以及長期研究紫微命理的心得寫下此書，獻給一些工作事業起伏不定的朋友們，以期檢討此人生格局後再出發，創造更精彩的人生！

理財贏家、非你莫屬

法雲居士⊙著

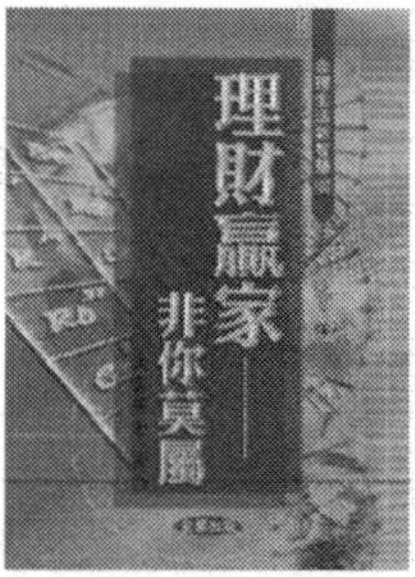

『理財』要做贏家，
就是要做『富翁』的意思！

所有的『理財贏家』都有自己出奇致勝的絕招。

有的人就知道自己的財富寶藏在那裡，
有的人卻懵懂、欠學，理財卻不贏。

世界上要學巴菲特的人很多，
但會學不像！

法雲居士用精湛的紫微命理方式，
引導你做個『理財贏家』從此改變人生，也找到自己的富翁之路。

昌曲左右

法雲居士⊙著

在每個人的命格之中，文昌、文曲、左輔、右弼都佔有重要的位置。昌曲二星不但是主貴之星，也直接影響人的相貌、氣質和聰明度，更會為你的人生帶來不同的變化和創造不同的人生。

左輔、右弼是兩顆輔星，助善也助惡，在你的命格中，到底左輔、右弼兩顆星是和吉星同宮還是和凶星同宮呢？到底左右兩星有沒有真的幫忙到你的人生呢？

星曜特質系列書有：『殺、破、狼』上下冊、『羊陀火鈴』、『十干化忌』、『權、祿、科』、『天空地劫』、『昌曲左右』、『紫、廉、武』、『府相同梁』上下冊、『日月機巨』、『身宮和命主、身主』。此套書是法雲居士對學習紫微斗數者常忽略或弄不清星曜特質，常對自己的命格有過高的期望或過於看輕的解釋，這兩種現象都是不好的算命方式。因此以這套書來提供大家參考與印證。

對你有影響的

身宮、命主、身主

法雲居士⊙著

在紫微命理的學理中，命盤上每一個宮位、星曜、星主、宮主都是十分重要的。
其中，身宮、命主和身主，代表人的元神、精神，是人靈魂方面的內涵。
一般我們算命，多半算太陽宮位，是最起碼的算命方式。像身宮是太陰所管轄的宮位，我們要看人的內在靈魂，想看此人的前世今生，就不能忽略這些代表人內在靈魂的『身宮、命主、身主』了！

星曜特質系列包括：『殺、破、狼』上下、『羊陀火鈴』、『十干化忌』、『權、祿、科』、『天空、地劫』、『昌曲左右』、『紫、廉、武』、『府相同梁』上下冊、『日月機巨』和『身宮、命主、身主』。

此套書是法雲居士對學習紫微斗數者常忽略或弄不清星曜特質，常對自己的命格有過高的期望或過於看輕的解釋，這兩種現象都是不好的算命方式。因此以這套書來提供大家參考與印證。

賺錢工作大搜查

法雲居士⊙著

在命理學中，人天生是來『賺錢』的！
人也天生是來工作的！
但真正賺錢的工作是由『命』來決定的！
『命』是由時間關鍵點所形成的氛圍，
及人延伸出的智慧。

因此每個人都有屬於自己專屬的
賺錢之路和工作。

法雲居士用紫微命理幫你找出發財之路，
並且告訴你何時是事業上的高峰，
何時能直上青雲，擁有非凡成就。

賺錢智慧王

法雲居士⊙著

偏財運會創造人生的奇蹟，人人都會賺錢，每個人求財的方法都不一樣，但是有的人會生財致富，有的人會愈做愈窮，到底有什麼竅門才是輕鬆致富的好撇步呢？
這本『賺錢智慧王』便是以斗數精華，向你解盤的最佳賺錢智慧了。
有人說：什麼人賺什麼錢！這可不一定！
只要你得知賺錢的秘笈，也一樣能輕鬆增加財富，了解個人股票、期貨操作、殺進殺出的好時機、賺錢風水的擺置、房地產增多的訣竅、以及偏財運增旺的法寶、薪水族以少積多的生財法。『賺錢智慧王』教你輕鬆獲得成功與財富。

如何用偏財運來理財致富

法雲居士⊙著

偏財運會創造人生的奇蹟，

偏財運也會為人生帶來財富，

但『暴起暴落』始終是人生中的夢魘。

如何讓暴發的財富永遠留在你的身邊，

如何用一次接一次的偏財運增高
你的人生格局？

這本『如何用偏財運來理財致富』
就明確的提供了

發財的方法和用偏財運來理財致富
的訣竅，讓你永不後悔，
痛快的過你的人生！

紫微斗數格局總論

法雲居士⊙著

這本書是將紫微斗數中所有的命理特殊格局，不論是趨吉格局，如『君臣慶會』或『陽梁昌祿』或『明珠出海』或各種『暴發格』等亦或是凶煞格局，如『羊陀夾忌』、『半空折翅』、或『路上埋屍』或『武殺羊』等傷剋格局，都會在這本書中詳細解釋。

這本書中還有你平常不知道的很多命理格局。要學通紫微命理，首先要瞭解命理格局，學會了命理格局，人生的問題你就全數瞭解了！

使你升官發財的『陽梁昌祿』格

法雲居士⊙著

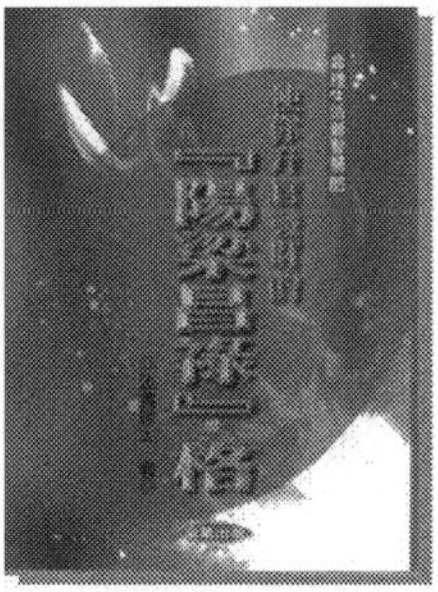

在中國命理學中，『陽梁昌祿』格是讀書人最嚮往的傳臚第一名榮登金榜的最佳運氣了。從古至今，『陽梁昌祿』格不但讓許多善於讀書的人得到地位、高官、大權在握，位極人臣。現今當前的世紀中也有許多大老闆大企業家、大企業之總裁全都是具有『陽梁昌祿』格的人，因此要說『陽梁昌祿』格會使人升官發財是一點也不假的事實了。但是光有『陽梁昌祿』格卻錯過大好機會而不愛唸書的人也大有其人！

要如何利用此種旺運來達到人生增高的成就，這也是一門學問值得好好研究的了。聽法雲居士為你解說『陽梁昌祿』格的旺運成就方法，同時也檢驗自己的『陽梁昌祿』格有無破格或格局完美度，以便幫自己早早立下人生成大功立大業的壯志。

看人智慧王

法雲居士⊙著

這本『看人智慧王』是一本為新新人類剛出道找工作、打工、探尋新職場世界的一本書。也是學習人際關係的關鍵書。
看人是一種學問，也是一門藝術，能幫助你找到伯樂來欣賞你這匹千里馬，也能讓你在愛情與事業上兩得意，人際關係一把罩！
掌握看人智慧，能令你一生都一帆風順、好運連連，不會跟錯老闆、用錯人、娶錯老婆。
這本書中有很多可供參考的小撇步，讓你一目瞭然，看人術是現代男女最重要的課題。

說服力包山包海一把罩

法雲居士⊙著

『說服力』是世界上無所不在的攻防武器。同時也是欲『成事』而不能或缺的利器。
自古秦始皇以連衡合縱之說成功的統一中原。現今無論大至聯合國的議題、各區域的戰事，乃至國與國之間的商貿協定，小至商家商賣的競爭力，亦或是家庭間夫妻、父子間之溝通協調，無一不是『說服力』所展現的舞台訣竅。

法雲居士利用紫微命理的形式，教你利用特定時間的特性及『說服力』；包山包海、萬事成功！